TENIR TÊTE AUX DIEUX

MAHMOUD HUSSEIN

TENIR TÊTE AUX DIEUX

roman

nrf

GALLIMARD

1

Il apparut soudain, là-bas, au milieu de nulle part. Comme s'il était né de mon regard. Comme s'il n'avait pris corps, à cet instant, en ce point de l'espace, que parce que je l'y avais secrètement attendu. Il devait être âgé. Il était affalé sur le dos de son âne, qu'il ne guidait pas, qui trottinait de lui-même dans la direction voulue. Tout autour d'eux, dans l'océan de sable, aucun repère, aucun signe de vie animale ou végétale, hormis de loin en loin, inexplicablement, un arbuste orphelin.

L'homme n'était pas un paysan pauvre, attaché à sa glèbe. Il possédait une monture, il avait le loisir de quitter son village pour se rendre à un bourg voisin. À quoi je devais de le tenir, en ce moment, dans mon champ de vision. Bientôt il n'y serait plus. Mais pour quelques minutes encore, je l'avais devant moi. Je le dévorais des yeux. C'était, depuis des mois, le premier être humain à se manifester qui n'appartînt pas à la routine du camp.

Ce qui me séparait de lui, ce n'était pas seulement la distance. C'était d'abord la haie de barbelés qui s'étirait devant moi, entre deux miradors, au sommet desquels se tenaient des sentinelles nubiennes en uniforme kaki, fusil en bandoulière. Elles n'étaient pas là pour scruter l'horizon, mais pour surveiller les détenus. Je ne voyais pas bien de quoi leur présence devait nous dissuader, à moins que ce ne fût de la tentation saugrenue de nous évader. J'étais persuadé que leurs fusils n'étaient pas chargés.

L'après-midi touchait à sa fin. Le vieil homme, au loin, serait bientôt rentré dans son village. Un village semblable au mien, semblable à tous les villages égyptiens, dont la vie ne tenait, entre deux déserts, qu'au caprice du Nil. Je m'y retrouvai les yeux fermés. Quelques dizaines d'habitations aux lignes indécises, couleur de terre, comme surgies du sol. Se démarquant de cet ensemble, une ou deux vraies maisons, aux murs de pierre blanchis à la chaux. Une mosquée à peine reconnaissable à son minaret. Tout autour, le tapis végétal, composé de losanges d'un vert profond, entre lesquels passaient des rigoles aux reflets d'argent. Des gamins couraient les ruelles poussiéreuses, s'amusant comme des fous avec des jouets faits de chiffons, de cartons, de fils de fer. Ce temps radieux, tissé de petits riens mis bout à bout, me parut tout à coup résumer le Paradis. Quoiqu'il y eût aussi l'envers du Paradis. De grands enfants allaient pieds nus, ne trouvant ni assez à manger ni de quoi s'habiller. Certains portaient des haillons qui ne couvraient même pas convenablement leurs parties intimes. Je n'ai jamais su comment ils survivaient aux hivers.

Le vieil homme retrouverait bientôt sa femme et ses enfants. Il consommerait son repas en silence. Puis, il irait s'étendre sur un matelas posé à même le sol. Il n'avait rien de mieux à faire que dormir. Il aurait peut-être envie de coucher avec sa femme, mais il ne le pourrait pas tant que les enfants seraient éveillés. Le logis était souvent doté d'une seule pièce plafonnée, où s'entassait toute la famille, l'autre pièce, à ciel ouvert, abritant les animaux. Mais même lorsque les parents disposaient d'une chambre à eux, les enfants ne respectaient pas les portes fermées. L'idée me frappa tout à coup que faire l'amour, dans ces conditions, devait tenir de l'exploit. Je me rendis compte que, s'agissant de mes parents, la question ne m'avait à aucun moment effleuré.

Pourtant le sexe, dès notre plus jeune âge, faisait partie de nos conversations. Nous en parlions avant même de savoir de quoi nous parlions. Me revint l'image d'un de mes oncles paternels. Étudiant à l'université religieuse d'Al-Azhar, c'était un obsédé de la chose. Il pourchassait toutes les jeunes femmes, même celles qui étaient mariées. À ce qui se murmurait autour de moi, je compris qu'il avait provoqué des scandales. Plus d'un homme, rentré trop tôt chez lui, l'avait trouvé entre les jambes de son épouse. La rumeur, curieusement, ne précisait pas comment les maris cocufiés s'étaient comportés avec l'intrus. Elle n'évoquait que leur arrivée inopinée dans leur foyer et la sortie peu glorieuse de mon oncle. Elle ne disait rien, non plus, des règlements de comptes qui s'étaient ensuivis entre maris et femmes. Il n'y eut pas de divorces, cependant. On se doutait qu'il y avait eu des scènes de ménage, peut-être agrémentées de quelques méchantes taloches, mais les scandales avaient été circonscrits et les maris avaient gardé leurs épouses. La tolérance avait prévalu. À tel point, d'ailleurs, que certaines visites nocturnes auraient repris après l'orage. J'aurais dû avoir honte du comportement de mon oncle, mais je voyais l'admiration dans les yeux des copains qui relayaient la rumeur et je n'arrivais pas à me désolidariser d'eux. Un homme qui jouissait d'un tel pouvoir de séduction ne pouvait pas être méprisé.

Il y avait aussi des ébats plus légitimes. Comme ceux de l'instituteur et de sa femme. Un soir, un copain entendit, émanant de la maison du couple, des soupirs bruyants et répétés, qui ne pouvaient être que ceux de l'amour. La chose se passait un jeudi. Le copain s'assura qu'elle se répétait les jeudis suivants. Le lendemain étant jour de congé, le mari pouvait ensuite faire la grasse matinée, reprendre des forces, avant de se rendre à la mosquée pour la prière du vendredi.

Je fus convié à assister, en auditeur clandestin, à la séance du jeudi suivant. L'idée m'excita tout en me mettant mal à l'aise. Je voulais entendre les soupirs, j'étais gêné de les surprendre. Mais il n'était pas question de me dérober. Je retrouvai mes amis, le jour dit, non loin de la maison du couple, dont nous nous approchâmes ensuite à pas de loup. Tout se passa comme prévu et, le concert terminé, nous nous éloignâmes en gardant le silence, pour éclater de rire quand nous fûmes loin. Les autres ne remarquèrent pas que mon rire était plus forcé que le leur. Je n'avais pas, comme eux, ouvert grand les oreilles durant la séance, je me projetais déjà vers le lendemain, ou le surlendemain, où je n'allais pas manquer de croiser cet homme, qui fréquentait mon père, et que je ne pourrais pas regarder

droit dans les yeux. Ce soir-là, je l'avais trahi. Il
savait pas, mais c'était comme s'il le savait.

L'âne et son maître allaient bientôt disparaître. Je n'avais aucune chance de retrouver l'homme, plus tard, si jamais je recouvrais ma liberté. J'aurais aimé qu'il me dise pourquoi, aujourd'hui, il n'avait pas une seule fois levé la tête, pas une seule fois tourné les yeux dans ma direction. Il devait se douter, pourtant, que dans ce camp, jadis établi par des soldats anglais, étaient parqués depuis des mois des internés politiques égyptiens. Il ne pouvait pas l'ignorer.

Il réveillait en moi une blessure qui n'avait pas cicatrisé. Une dizaine d'années plus tôt. J'habitais déjà Le Caire et j'avais cessé toute pratique religieuse. Lorsqu'il m'arrivait de retourner au village, je n'étais plus qu'un étranger de passage. Je sentais flotter autour de moi un reproche, muet mais persistant. On s'attendait à me voir à la mosquée, au moins pour la grande prière du vendredi. Ma désertion passait inaperçue dans l'anonymat de la capitale. Au village, elle pesait lourd dans les regards.

Je manquais aux devoirs de ma religion, mais j'entendais bien me racheter par des titres de créance révolutionnaires. Je m'éloignais de l'entourage familial et j'allais vers les paysans pauvres, les plus pauvres. Je m'asseyais au milieu d'eux, les regardant comme autant de petits soldats de la révolution à venir. Je leur parlais de la lutte pour la libération nationale, de la nécessité de chasser l'occupant britannique. J'étais reçu avec une méfiance polie. Ils m'écoutaient dans un silence, qu'ils

’avais fini. J’appris plus tard ce qu’ils dos. Ils me prenaient pour un grand ue la ville avait coupé des choses vraies. e demandant ce que je venais faire au que je cherchais au juste. Je me forçais r les problèmes qui les préoccupaient. Sécheresse, répartition des eaux d’irrigation, cours du coton. Mais le cœur n’y était pas. Plus je parlais, plus je sentais que je m’éloignais d’eux. Il n’y avait pas de soudure possible. Je finis par cesser d’aller les voir.

Aujourd’hui, le vieil homme sur son âne me signifiait, par son indifférence, la même impalpable coupure. Il ne savait pas que je rêvais d’une vie meilleure pour lui, pour tous les paysans et les ouvriers du pays. Il ne voulait pas le savoir. Il se méfiait des gens qui, comme moi, lisant trop de livres, lui étaient devenus étrangers.

J’aurais dû lui en vouloir, mais je comprenais son indifférence. Au fond, j’éprouvais la même à son égard. Le monde dont je rêvais pour lui répondait d’abord à mes souhaits à moi. Une Égypte indépendante et fière, où chacun serait libre de penser et de faire ce que bon lui semblerait, ce n’était pas son souci. Je ne voyais pas, quant à moi, l’intérêt d’une existence passée à patauger dans la boue, à soigner quelques bêtes faméliques et à copuler les jeudis soir.

L’homme avait disparu. Le mirador de droite le cachait définitivement à ma vue. L’horizon, devant moi, s’était refermé.

2

— Qu'est-ce que vous faites, vous tous, ici ?

Je sursautai. C'était la voix d'Abdallah, la sentinelle qui était jusque-là postée au haut du mirador de gauche. Il était descendu, avait marché vers moi et s'était arrêté à une distance de deux pas. Il m'adressait la parole, alors que tout contact, entre les sentinelles et nous, était interdit.

Il appartenait aux Hagganas, un corps spécial formé d'unités d'intervention mobiles, recrutées dans la lointaine Nubie. Longtemps, les gouvernements successifs du pays avaient recouru à ces hommes dans des situations d'urgence, pour mater des soulèvements paysans. Ils arrivaient, restaient le temps d'accomplir leur besogne et repartaient aussitôt. Ils n'échangeaient pas un mot avec les habitants. Les enfants — et même certaines grandes personnes — étaient persuadés que ces hommes étaient amateurs de chair humaine.

Je les avais vus à l'œuvre, une fois, au village. La sécheresse avait été exceptionnelle et la moindre goutte d'eau comptait. Cette eau, venant du fleuve, passait par un réseau de canalisations permettant aux autorités locales de la répartir entre les différents lopins. Les paysans riches étaient toujours les premiers et les mieux servis. Aux petits, ils laissaient les restes. Cette fois, il n'y en eut presque plus. Les métayers, pourtant habitués à l'injustice, étaient entrés dans une colère rare, incontrôlée. Ils avaient pris les choses en main, chassé les surveillants et procédé eux-mêmes à une redistribution plus équitable.

Le chef du village, débordé par la force de leur indignation, incapable d'endiguer leur révolte, avait téléphoné au commissaire de police du chef-lieu. Les Hagganas avaient déboulé en ouragan, sur leurs dromadaires, balayant tout ce qui entravait leur chemin. Ils portaient des uniformes de style colonial. Leurs armes décisives n'étaient pas leurs fusils, mais leurs cravaches. Ils les faisaient claquer avec un horrible bruit sec, qui tranchait l'air comme il aurait lacéré des chairs. Épouvantés, les habitants avaient disparu des ruelles, pour se réfugier dans leurs maisons. Ayant traversé la zone habitée, les Hagganas s'étaient dirigé aussitôt vers les champs, où se trouvaient les « fauteurs de troubles ». Le chef du village les avait désignés un à un. Ils n'avaient pas d'armes et n'avaient pas opposé de résistance. Ils furent entassés dans des camions et emmenés au commissariat du chef-lieu.

Les Hagganas étaient repartis aussi vite qu'ils étaient venus, mais personne n'était sorti indemne de l'événement. Les riches avaient été dépassés par ce moment où ils ne commandaient plus, où les Hagganas, agissant en maîtres, ne leur avaient accordé aucune attention. Les pauvres, même quand ils n'avaient pas reçu de coups, avaient ressenti dans leur chair la marque brûlante de l'impuissance, ce rappel qu'aux yeux des autorités ils étaient et restaient des moins-que-rien. Les gens comme nous, ni riches ni pauvres, en avaient surtout gardé le souvenir d'une bourrasque si intempestive, si brutale, que la vie s'était arrêtée pour quelques heures. Plus tard, les « fauteurs de troubles » étaient revenus au village. Ils n'avaient rien raconté de ce qu'ils avaient enduré au commissariat du chef-lieu. Ils cherchaient plutôt à fuir les regards. Leurs visages étaient mangés par la honte.

Et voici que je retrouvais des Hagganas, à mon arrivée dans le camp de concentration d'El-Fayyoum, en ce milieu de l'année 1959.

Mais ils avaient changé de rôle. Ils avaient cessé de passer en coup de vent, d'un lieu à l'autre, semant partout sur leur passage un souvenir de terreur. Ils se sédentarisaient. Dans notre camp, ils étaient venus grossir le personnel de garde. Ils n'intervenaient pas dans la routine quotidienne des détenus. On pouvait les regarder, immobiles au sommet des miradors, ou allant et venant le long des barbelés. On finissait même par apprendre des choses sur eux. Ils ne consommaient pas de chair humaine, et ils avaient des familles à nourrir, qu'ils ne voyaient que rarement, lors de courtes permissions.

Abdallah avait la cinquantaine enveloppée. Sa peau, typiquement nubienne, était plus noire que celle des paysans de mon village. Il n'y avait rien d'inquiétant dans ses traits. Il avait même, vu sous certains angles, des airs de bon père de famille. Mais s'il ne me faisait plus peur, il m'inspirait la plus grande méfiance. Il avait dû en briser, des révoltes. Et si on le lui ordonnait, il n'hésiterait pas à nous lacérer le dos de sa cravache.

Je me demandai s'il n'avait pas participé, en personne, à la répression de mon village. Dans le souvenir tremblant que j'en gardais, les Hagganas étaient minces, sveltes. Mais les années passées, depuis, suffisaient à rendre compte de l'empâtement physique d'Abdallah. Et les tâches, désormais plus banales, plus quotidiennes, auxquelles il était affecté, pouvaient expliquer que son visage, parfois, trahît une bonhomie ordinaire. Il me rappelait vaguement un de mes oncles.

— Qu'est-ce que vous faites tous ici ? répéta-t-il.

Il tournait le dos à la cour, les yeux fixés sur les barbelés, de sorte que personne, derrière nous, n'aurait pu dire qu'il s'adressait à moi. Je ne saisissais pas le sens de sa question. Il demanda, une troisième fois :

— Qu'est-ce vous faites ici ?

— Nous sommes des internés politiques.

— Ça je sais. Mais pourquoi ? Pourquoi êtes-vous ici ?

— Mais... Je n'ai pas choisi d'être ici.

— Vous êtes des fils de bonnes familles. J'en ai vu, des prisonniers ordinaires. Vous n'êtes pas comme eux...

Il hocha la tête.

— Vous m'avez l'air bien élevés... Et toi, tu es si jeune...

Il hésita une seconde, puis, toujours sans me regarder :

— Tu es étudiant ?

— Oui. Étudiant en médecine.

À ce mot, il ne put s'empêcher de tourner la tête vers moi, pour s'assurer que je disais vrai :

— Médecine ?
— Oui.
— Tu vas devenir médecin ?
Je m'imposai d'utiliser la formule consacrée :
— Si Dieu veut.
— Tu sors d'ici quand ?
— Je ne sais pas du tout. Nous ne sommes pas passés devant un tribunal. Nous ne purgeons pas de peine. Nous sommes ici parce que le Président l'a décidé. Et c'est lui qui décidera du jour où nous en sortirons, si nous en sortons un jour.
— Mais alors, vous êtes... comme les Frères musulmans ?
Les derniers mots sonnèrent comme une fin de récréation. Il s'éloigna lentement de moi. L'échange avait trop duré. Abdallah était là pour nous surveiller, mais il était lui-même sous surveillance. En poursuivant cette étrange conversation, ce n'était pas à moi seul qu'il risquait d'attirer des ennuis.

Le sergent Ghattas pouvait surgir n'importe où, n'importe quand, particulièrement friand des occasions qui lui étaient offertes d'exercer sa parcelle de pouvoir. Par exemple, lorsque l'un des nôtres avait commis une infraction au règlement du camp, Ghattas l'interpellait, s'approchait de lui lentement, sans le quitter des yeux, jusqu'à le frôler presque. Il devait, se retenant de l'abreuver de coups ou de gifles, l'emmener chez l'officier de faction, qui, lui, décidait de la sanction. Ghattas se contentait difficilement de ce rôle de chien de chasse, il se rattrapait en proférant des jurons obscènes.

Nous avions fini par développer un sixième sens pour flairer sa présence avant son apparition. Cela supposait que chacun de nous gardât, en permanence, une part de lui-même sur le qui-vive, connectée au réseau d'alerte que nous formions dans notre ensemble, et qui nous permettait de réagir, d'un bout à l'autre du camp, à la moindre vibration de danger. La difficulté, pour moi, était de résister à la tentation de décrocher du réseau, de m'envoler, de changer de planète. Tentation qui me guettait dès que je me plaçais devant les barbelés, face au vide, seul. C'était dans ces moments que j'avais le plus de chances de retrouver Nadia.

En fait, elle était presque toujours là, en toile de fond, ma certitude de ciel bleu par-delà les orages. Mais il y avait des moments spéciaux, à part, où sa présence prenait le pas sur tout le reste. Ces moments, c'était elle qui les choisissait, je ne pouvais que les accueillir. Elle occupait alors toute la place. Je ne voyais pas les traits de son visage, je les devinais, je sentais sur ma peau la tendresse de son regard, je tressaillais aux éclats de sa voix, j'éprouvais la grisante caresse de l'air, qui, dès qu'elle était là, vibrait plus joyeusement. De temps en temps, il arrivait même que je ne ressente plus rien, qu'il y ait juste un grand silence, un silence où il n'y avait plus qu'elle.

3

Le lendemain, à peu près à la même heure de l'après-midi, Abdallah quitta à nouveau son poste et s'approcha de moi.

— On vous accuse de quoi ?

— On nous accuse de vouloir renverser le régime par la force.

— Comment ça... le régime par la force ?

— De faire la révolution.

— Comme Nasser, alors ?

— Nasser n'a fait qu'un coup d'État...

Je ne le regardais pas, mais je sentais sa difficulté à saisir. La révolution, c'était Nasser, avec ses officiers, ses fusils-mitrailleurs et ses chars. Mais nous ? Une poignée d'écoliers, d'étudiants, d'enseignants, quelques journalistes. Aucun de nous n'avait jamais touché une arme. Nous étions si peu menaçants.

— Vous voulez prendre la place de Nasser ?

— Non. Ce que nous, nous voulons, c'est... un régime démocratique. C'est vivre dans une société où nous pouvons nous organiser, librement, entre étudiants, ou entre avocats, ou entre journalistes, sans que la police secrète s'en mêle...

Je m'enfonçais. Je savais que tout cela ne voulait rien dire pour lui. Une idée me vint :

— Tu es nubien, n'est-ce pas ?

— Oui.

— Eh bien... Nasser a décidé de construire un grand barrage à Assouan. Ce barrage retiendra une énorme quantité d'eau, qui va inonder de vastes territoires situés derrière le barrage. Ces territoires, c'est votre terre à vous, c'est la Nubie. Tu le sais ?

Il hocha la tête.

— Je le sais.

— Vous serez obligés de vous déplacer. Tous. Vos familles vont quitter les villages où vous êtes nés.

— On nous a dit ça.

— C'est Nasser qui décide seul de tout ça. Ce que nous pensons, nous, c'est que vous devriez être consultés, que vous avez le droit de décider vous-mêmes.

Nous avions fini par nous regarder. Pour la première fois, je posai directement les yeux sur son visage buriné, aux traits lourds, aux paupières fatiguées. Je fus frappé par l'incrédulité, l'étonnement navré, qu'il trahissait. Abdallah n'arrivait pas à croire que je pusse si mal apprécier l'évidence des choses. De quel poids pesions-nous face à Nasser ? De quel poids pesaient les villages de Nubie ? Que valaient nos humbles destins rapportés aux décisions du chef de l'État ? Autant se rebeller contre un décret divin.

Je décodais enfin son message. Il était confronté à une énigme, il voulait que je l'aide à la résoudre. Que faisaient ici, dans ce trou perdu, tous ces fils de bonnes familles, alors que leur éducation, leurs diplômes les autorisaient à vivre dans une aisance que lui-même ne connaîtrait jamais ? Ils auraient tous dû se trouver, en ce moment, dans leurs universités ou leurs bureaux, à donner des ordres plutôt qu'à en recevoir. Du haut de son mirador, le spectacle qu'Abdallah avait quotidiennement sous les yeux lui était incompréhensible.

À notre projet révolutionnaire, il opposait le lourd bon sens du terroir. Je retrouvais, encore, les termes du malentendu que j'avais vécu avec les paysans de mon village. Mais ici, face à l'objection à peine balbutiée d'Abdallah, je me sentais piégé. Mes arguments sonnaient creux à mes propres oreilles. Son regard désolé, pénétrant des recoins obscurs de ma conscience, condensait tout à coup des questions restées en suspens depuis mon arrestation.

Qui étions-nous ? Que représentions-nous ? Un millier d'opposants de gauche, globalement catalogués comme marxistes, qui avaient presque tous été raflés dans leurs lits et qui étaient désormais disséminés dans différents camps de concentration. Dehors, il devait rester une centaine de militants, traqués, vivant chacun dans une impuissante clandestinité. C'était bien la preuve que le pouvoir n'avait rien à craindre de nous. Nous étions des pions sur un échiquier, où il jouait en professionnel, face à des amateurs. Ce qu'il nous reprochait, ce n'était pas de représenter une menace pour son régime, c'était de penser par nous-mêmes. Nasser voulait que nous nous contentions tous de penser comme lui.

Mais je n'eus pas le temps de prolonger l'échange avec Abdallah. Il y eut une brusque baisse d'intensité dans le brouhaha général. Elle nous alertait. Elle signifiait la soudaine apparition d'une présence indésirable. Je quittai du regard l'au-delà des barbelés et tournai la tête vers l'intérieur du camp. À l'autre bout de la cour, se détachant sur le fond blanc des bâtiments administratifs, j'aperçus la sinistre silhouette du sergent Ghattas.

Abdallah et moi étions séparés de lui par la masse des internés, sortis du dortoir pour la promenade du soir, et dont le va-et-vient faisait vaguement écran entre Ghattas et nous. Je ne savais pas s'il avait compris que nous nous parlions. Abdallah ne bougea pas. Je fis lentement un pas pour m'écarter un peu plus de lui. Le silence s'était fait total. Je m'attendais, d'un instant à l'autre, à sentir la lourde poigne du sergent s'abattre sur mon épaule.

Ce fut sa voix qui transperça le silence, juste derrière mes oreilles :

— Tu ne sais pas qu'il est interdit de s'adresser aux gardiens ?

Je me tournai vers lui et ne dis rien. J'attendais que la réponse vînt d'Abdallah. Il lui incombait de reconnaître que c'était lui qui s'était adressé à moi. Mais Abdallah restait muet. Je lui jetai un regard oblique. Je vis sur son visage un désarroi qui frisait la panique. J'étais sur le point de me mettre en colère contre lui, je n'éprouvai plus tout à coup qu'un mélange de déception et de pitié. Je n'allais pas l'accuser. D'ailleurs, la situation ne me permettait pas de le faire. Le sergent Ghattas n'accepterait pas, en public, de sanctionner un membre de l'administration. Il m'accuserait de me défausser sur

Abdallah, par lâcheté. Je n'allais pas lui donner cette satisfaction. Je me tus.

Ghattas tourna les talons, me signifiant que je n'avais plus qu'à le suivre.

Nous traversâmes le silence électrique de la cour, transpercés par les dizaines de paires d'yeux qui, autour de nous, ne comprenaient pas ce qui venait de se passer. Mais les visages me signifiaient leur solidarité muette. Ils me faisaient confiance, ils savaient que je tiendrais le coup. Certains croyaient d'ailleurs qu'il ne pouvait rien m'arriver, que j'étais intouchable. J'avais presque fini par y croire, depuis l'étrange concours de circonstances qui m'avait protégé des coups, le jour de notre arrivée. Mais cette parenthèse venait peut-être, à l'instant, de se refermer.

Je pénétrai, derrière Ghattas, dans les locaux de l'administration du camp. Il se dirigea d'un pas rapide vers le bureau du capitaine Hamdi. Il frappa à la porte et attendit que la voix lui ordonnât d'entrer.

Je franchissais ce seuil pour la première fois. Le capitaine était assis derrière son bureau, ses lunettes de soleil sur les yeux. La pénombre, dans laquelle la pièce était plongée, aurait dû l'inciter à les enlever. Mais il ne les ôtait jamais, en tout cas pas devant nous. Il venait peut-être à l'instant de les remettre, avant de nous autoriser à le voir. Au silence qui suivit notre entrée, je compris qu'il était contrarié par notre soudaine irruption dans son emploi du temps.

Le capitaine et le sergent appartenaient tous deux à l'institution policière, mais pas au même monde. Petit et légèrement empâté, le premier respirait la double appartenance au corps des officiers et à une famille aisée. Il avait les traits fins, une voix posée, une langue soignée, presque cultivée. Impeccablement mis, dans un uniforme aux plis parfaits, il sentait l'eau de Cologne.

Le second était grand et maigre, tout en nerfs. Son visage évoquait curieusement un masque mal ajusté. Son parler fruste était celui d'un homme que la police avait tiré d'un milieu misérable, pour lui apprendre hâtivement à écrire et à compter. Il avait une revanche à prendre. Ses yeux de rat semblaient n'avoir d'autre fonction que de fouiner, à la recherche de coupables cachés.

Dans le camp, le contraste entre les deux hommes, si flagrant, n'avait pas manqué de susciter nos commentaires. D'une certaine manière, le capitaine devait se sentir personnellement plus proche de nous que de son subordonné. Il tenait en tout cas à se comporter, face à nous, en homme éduqué comme nous.

Au bout d'un moment qui me parut long, il demanda à Ghattas :

— Qu'est-ce qu'il a fait ?

— Il parlait avec Abdallah.

Le capitaine était visiblement peu curieux de savoir de quoi le brigadier et moi avions parlé. Il se caressait le menton de la main gauche, tandis que les doigts de sa main droite tapotaient légèrement sur le bureau. Finalement il prononça :

— Une semaine de cachot.

Les yeux de Ghattas se tournèrent vers les miens. J'y

lus quelque chose comme de la jubilation. Il venait de nous coincer, le capitaine et moi. Il avait fait en sorte que le capitaine n'eût d'autre choix que de me sanctionner. Il pouvait être content de lui. Il tendit vers moi sa patte, s'apprêtant à me prendre par le bras. La voix cassante du capitaine interrompit son geste :

— Ne le touche pas.

La patte du sergent recula brutalement. Dans les yeux de rat, la déception remplaça le contentement. Ghattas aurait voulu marquer son avantage à sa manière, l'exprimer avec le corps, avec la voix. Pour lui, une sanction sans insulte, sans brimade, sans bruit, n'était plus tout à fait une sanction. Pour moi, par contre, elle était bien réelle.

Jusqu'à cet instant, je ne m'étais jamais retrouvé seul. Depuis mon arrestation, quelque huit mois plus tôt, mon quotidien était suspendu à des décisions venues d'ailleurs, imprévisibles. Mais il était partagé avec d'autres. Nous étions des dizaines à affronter l'inconnu ensemble. Une complicité d'office nous reliait les uns aux autres, qui compensait quelque peu notre vulnérabilité face à nos geôliers, et qui me faisait une obligation de me montrer à la hauteur. À la hauteur de ce que les autres pouvaient attendre de moi, sans que j'eusse une idée claire de ce qu'ils attendaient.

Mais dans la solitude d'une cellule, où je serais à la fois isolé des autres et livré aux caprices de sergents comme Ghattas, j'affrontais une épreuve sans contours connus. J'eus brusquement peur de ne pas tenir le coup. Me revinrent pêle-mêle en mémoire des récits de captivité, de militants antifascistes dans les geôles nazies, de dirigeants communistes en Grèce. Les ruses qu'ils inventaient pour combattre la peur, le désespoir, la folie. Ce fut un instant glacial, auquel je m'efforçai de résister en revenant au ras des faits : nous n'étions pas dans un camp de la mort, une semaine de mitard n'était pas la fin du monde, les copains n'étaient pas loin.

Mais je ne pouvais nier l'angoisse, plus secrète, que l'événement éveillait en moi. Le sort qui m'attendait au bout de ce dédale mal éclairé, où je m'enfonçais pour la première fois, ce n'était pas seulement une semaine à passer dans une cellule disciplinaire. C'était un pas de plus sur un chemin où je m'appartenais de moins en moins.

Ghattas me conduisit, sans me parler ni me toucher, jusqu'à un espace aveugle donnant sur une seule porte, entrouverte. Il me remit un paquetage, fait d'un paillasson enroulé autour d'une couverture, qui serait le seul équipement de mon séjour. Puis il me poussa dans le noir et fit claquer la porte dans mon dos.

La cellule n'avait pour autre ouverture qu'une sorte d'étroite meurtrière, laissant passer à la fois l'air du dehors et la lumière du jour, laquelle, à l'heure qu'il était, me permettait à peine de distinguer les contours de l'espace où j'étais plongé. Une dalle en béton de quelque deux mètres sur trois, entourée de murs de couleur indistincte, portant un plafond bas. Une cage.

Le découragement me guettait. J'entendais mon souffle, court, désordonné. Je m'assis sur le sol, dos au mur, et tentai de me concentrer sur ma respiration.

Le silence fut brusquement rompu par des bruits de

pas, mêlés à un murmure de voix, qui s'approchaient de la porte de la cellule. J'étais dans l'ignorance absolue de ce qui pouvait m'arriver. Mon cœur se mit à battre fort.

La porte s'ouvrit bruyamment. Dans la lumière jaune du couloir s'encadra la lourde silhouette du sergent Slimane. J'eus le temps de penser :

— Il est moins vicieux que Ghattas, c'est toujours ça.

Je l'entendis lancer :

— Je t'amène de la compagnie !

Puis il s'écarta pour laisser passer le nouveau venu.

Muhammad !

4

Nous avions fait connaissance deux ans plus tôt. Il suivait des études de droit à l'université du Caire. N'ayant pas de famille dans la capitale, il habitait un appartement en colocation avec deux frères, originaires d'un village tout proche du mien. Ce fut en leur rendant visite, au début de l'année scolaire, que je me trouvai en présence de Muhammad.

Il portait des lunettes rondes, ce qui était rare. La chose me frappa, en même temps que son sourire. Un sourire franc, qui éclairait son visage. Je m'étonnai moi-même d'avoir remarqué ce trait, je n'avais pas l'habitude de détailler la physionomie de mes condisciples. Mais le sourire de Muhammad était venu me chercher. Ses yeux pétillaient, derrière les lunettes, de sorte que son visage, même quand il n'exprimait pas de joie particulière, restait comme en état de sourire virtuel.

Il avait commencé à perdre ses cheveux. Ce qui lui donnait comme un supplément d'âge et le rendait plutôt attachant. Il ne s'énervait jamais. Nous étions tous habitués, en discutant, à nous enflammer, jusqu'à nous fâcher parfois pour un jour ou deux. Pas lui. Même quand son interlocuteur était hargneux, ou avait des paroles blessantes, il faisait semblant de ne pas les entendre, il passait outre à la forme, il revenait inlassablement au fond.

Son statut social était supérieur au mien. Son père était chef de son village, et possédait un domaine d'une dizaine de feddans, grâce à quoi il pouvait envoyer son fils à l'université et pourvoir à ses besoins dans la capitale. Muhammad partait souvent voir les siens, en fin de semaine, et revenait chargé de choses délicieuses, telles que pigeons farcis et feuilletés à la crème. Ses colocataires les attendaient avec plus d'impatience que lui et s'en régalaient plus copieusement, en se disant qu'il pouvait, lui, en manger autant qu'il voulait quand il était au village.

Je m'étais trouvé convié, un soir, à participer aux agapes. Je le fis avec une gêne extrême. Je ne pouvais pas rendre à Muhammad la pareille, je ne pouvais même pas l'inviter à partager chez moi un repas décent. C'est pourquoi je décidai de ne pas aller chez mes amis en début de semaine. Le temps qu'ils liquident sans moi les gourmandises rapportées du village.

Muhammad le remarqua. Il avait aussi noté que j'avais, malgré ma gêne, savouré tout particulièrement les feuilletés maternels. Il mit une part de côté, pour me l'offrir quand je réapparus chez eux. Cette marque de délicatesse, peu commune entre garçons de notre âge, me toucha. Elle créa entre nous une complicité qui resta muette, jusqu'au jour où nous nous retrouvâmes seuls dans l'appartement. Il me demanda, à brûle-pourpoint :

— Alors quoi, tu boudes les pâtisseries de ma mère?

La question m'embarrassait horriblement, mais je ne pouvais pas biaiser. Je me fis violence:

— Écoute... Je ne pourrais pas te rendre la pareille.

Il fixa ses lunettes sur son sourire.

— Là, tu me surprends. Je craignais une réponse... plus alambiquée.

— Tu ne m'as pas laissé le temps de préparer autre chose.

Il esquissa une moue.

— Je te faisais un compliment, pas un reproche.

Puis, sans transition, il pointa vers moi un doigt malicieusement accusateur:

— Au fond, ça veut dire que tu n'es pas un vrai communiste.

— Je ne vois pas le rapport.

— Ce que veulent les soviets, c'est partager, non? Que ceux qui ont tout partagent avec ceux qui n'ont rien.

— Mais tu n'es pas communiste, tu n'es pas obligé de partager avec un communiste.

— Les riches paysans de Russie n'étaient sûrement pas communistes, vous les avez forcés à partager.

— Ça, ça vient plus tard, quand la société est enceinte de la révolution.

Là, son sourire devint éclatant.

— Très peu pour moi! Aujourd'hui, je t'offre un petit peu de ce que j'ai, mais je le fais librement. Je sais... Tu vas me dire que c'est une autre forme d'injustice. Si je te choisis, toi, c'est parce que tu es mon ami...

Il avait une manière de me désarmer qui ne me gênait pas. Elle m'incitait plutôt à aiguiser, à son contact, les arguments qui me tenaient à cœur. Un jour, alors que nous arpentions ensemble les rues du centre-ville, il déclara qu'il était prêt à tout accepter de Marx, sauf sa théorie sur la dictature du prolétariat.

Le défi m'intéressa. En fait, je n'étais pas à l'aise avec cette fameuse théorie. Ici en Égypte, c'était à de la démocratie que nous aspirions, pas à une dictature pour remplacer celle que nous subissions. Mais il était difficile de se proclamer marxiste et de faire abstraction de ce concept. Je relevai le défi, pour l'honneur. Je répliquai que, sans ce concept, il ne restait plus rien de la critique marxiste du capitalisme.

— Dommage. J'étais prêt à des concessions, mais pas sur ce point !

— Je n'ai pas mandat pour négocier la dictature du prolétariat.

— Veux-tu m'expliquer comment, par quel miracle, le prolétariat va pouvoir résoudre les problèmes sur lesquels l'humanité bute depuis le début des temps ? Regarde les ouvriers, chez nous. Ils ont manifesté, pour le pain, contre l'occupation. Mais tu les vois diriger le pays ?

— Pas tout de suite, évidemment. Ils ne sont pas encore prêts.

Je me sentais à l'étroit dans les limites trop concrètes du cas égyptien. Je risquais de m'y trouver très vite à court de munitions. Je pris la tangente. J'entrepris un survol global de l'évolution humaine, allant du communisme primitif à la société industrielle. J'évoquai les lois qui gouvernaient le passage d'une étape historique à la suivante, chacune d'elles représentant un nouveau progrès, porté par une classe sociale particulière. La vertu ultime du prolétariat tenait au fait qu'il n'avait pas d'intérêts particuliers à défendre et qu'il pouvait, en conséquence, représenter l'intérêt général.

J'étais content de ma synthèse, je la trouvais d'une belle cohérence. Mais Muhammad n'était pas près de capituler :

— Pourquoi une dictature ? Si la classe ouvrière est si différente des autres, pourquoi doit-elle passer, comme les autres, par la dictature ? Sa dictature sera sans doute encore pire que les autres. Regarde ce qui se passe dans les pays socialistes. On le sait, maintenant. C'est le règne du parti unique et du culte du guide. Nous avons déjà ça chez nous. Ça ne me fait pas bander.

Notre déambulation nous avait conduits jusqu'au pied de son immeuble, où notre conversation fut interrompue par l'apparition d'un personnage inattendu. Je me sentis libéré de l'obligation de poursuivre ce débat, où Muhammad avait l'avantage de mettre le doigt sur mes propres doutes.

Près de la porte d'entrée de l'immeuble, contre le mur d'enceinte, se tenait une femme drapée de la longue robe noire des villageoises, dont un pan, maintenu par sa main gauche, était rabattu sur la partie inférieure de son visage. Elle semblait attendre quelqu'un.

Quand Muhammad l'aperçut, il se tourna vers moi et me dit :

— Ah, tu m'excuses une minute.

Il s'avança vers elle et commença à lui parler. Je crus

tout d'abord qu'il s'agissait d'une femme de son village. Ce n'était pas cela. Il semblait la connaître, mais ne s'adressait pas à elle dans le registre coutumier des liens de la campagne, comme un seigneur à une affranchie. En fait, il discutait avec elle. Non, il marchandait. Au bout d'un moment, la femme tourna la tête de côté, pour inciter Muhammad à regarder dans la direction qu'elle indiquait. Il s'exécuta et je fis de même.

À quelques pas de là, une autre silhouette, comme sur un signal muet, émergea de la pénombre. Elle portait la même robe noire, mais elle venait, d'un geste de la main, de découvrir son visage. Elle l'offrait à notre regard comme un défi. C'était le visage d'une femme toute jeune, belle, d'une sensualité immédiatement troublante.

Elle laissa Muhammad la détailler un moment, avant de couvrir à nouveau son visage et de faire un pas en arrière, pour retrouver la pénombre. Muhammad reprit ses pourparlers avec la matrone, cette fois pour conclure.

Mes amis faisaient souvent appel à des prostituées. J'avais croisé certaines d'entre elles, qui arrivaient dans l'appartement en fin de soirée, au moment où je m'apprêtais à partir. Aucune n'avait éveillé en moi la moindre envie. Il y avait en elles quelque chose de défraîchi et d'affecté, une gaieté triste qui me mettaient d'emblée mal à l'aise. Je me sauvais avec le sentiment d'échapper à un traquenard.

Je n'avais encore jamais vu de prostituée aussi fraîche, et séduisante, que celle que Muhammad venait d'engager pour une prochaine séance. Et cela m'accablait.

Elle ne ressemblait pas aux autres, pourquoi faisait-elle comme les autres? Avec un brin de chance, elle pourrait trouver un mari, ou même un amant.

Muhammad était revenu vers moi.

— Tu l'as vue?

Je m'efforçai de répondre sur un ton neutre:

— Oui.

— Elle est belle.

— Oui.

Ses phrases lapidaires, son débit saccadé étaient ceux d'un mâle en rut. Derrière les lunettes rondes, ses yeux brillaient d'un éclat intense. Il me regardait sans me voir, sans soupçonner le trouble que j'éprouvais. Il me révélait de lui, soudain, un visage que je ne lui connaissais pas.

— Dès que je l'ai vue, j'ai bandé à mort. Cette garce l'a senti de loin, sans parler de la vieille sorcière. Ça n'a pas facilité la négociation.

Les deux femmes s'étaient éclipsées et nous entrions dans l'immeuble. Il sembla d'un seul coup redécouvrir ma présence:

— Toi, tu n'as pas encore baisé?

Comme je ne répondais pas, il reprit, tandis que nous nous engagions dans l'escalier:

— Elle vient vendredi matin. Nous allons fêter ton dépucelage.

Son assurance me coupa le souffle. Je m'arrêtai de monter et le regardai.

— Il n'est pas question que je vienne.

Il s'arrêta à son tour:

— Franchement, je t'envie. Une si belle fille pour ta première fois. Je n'ai pas eu cette chance.

— Je ne viendrai pas, Muhammad.

— Mais pourquoi ?

— Pour plusieurs raisons.

J'en étais à chercher mes raisons. Il prit les devants :

— L'argent ? Oublie, c'est moi qui t'offre cette première fois.

— Ce n'est pas seulement parce que je n'ai pas de quoi payer. Je n'aime pas l'idée même de payer pour ça.

Il ne m'entendait pas, ou faisait semblant de ne pas m'entendre. Pointant vers moi son index :

— Tu ne retrouveras pas souvent une merveille pareille, avec en plus l'air innocent d'une vierge. Ne laisse pas filer cette occasion. Je te le dis. Croque-la à pleines dents. Ensuite, tu pourras toujours trouver un arrangement avec ta conscience, si elle vient t'embêter. Que font nos vénérables cheikhs, ceux qui nous servent le prêche du vendredi ? Ils consomment les fruits les plus interdits, puis ils font la prière qui efface tout. Il n'y a pas de prière à faire chez les communistes ?

— ...

— Je ne me pardonnerai pas de te laisser rater cette chance. Je t'assure qu'il n'y aura rien à regretter. Après, il ne restera que le goût du plaisir.

Il ne savait pas tout ce que, sans ménagement, il bousculait en moi.

Je vivais dans l'attente d'une princesse. Qui devait par définition être belle, intelligente, et révolutionnaire. Qui éblouirait mes sens et ravirait mon esprit. Qui n'aurait rien à voir avec les filles que je rencontrais, dans la famille ou à la fac. À celles-là, je parlais comme aux garçons de sujets que je jugeais importants, de l'état de délabrement de l'université, ou de la situation politique du pays.

J'avais été surpris, plus d'une fois, de voir des filles approcher ostensiblement leurs visages de moi, prêtes à m'embrasser. L'une d'entre elles m'avait pris la main et l'avait posée sur son sein, en me disant d'écouter le battement de son cœur. Je m'étais senti gêné pour ces filles. Je ne pouvais pas leur dire qu'elles n'avaient pas les qualités requises.

Je n'avais pas prévu l'irruption de cette jeune paysanne. Elle me forçait abruptement à reconnaître en moi un double clandestin, un jumeau illégitime, porteur d'un désir brut, sans enrobage philosophique ni résonance morale, un désir qui pénétrait les cellules les plus intimes de mon corps, qui m'embrasait de la tête aux pieds, qui faisait de ma verge un chardon lourd, brûlant, douloureux. Chaque fois que je revoyais son visage, j'étais pris d'une violente envie de la retrouver, seule, nue, tout de suite.

Mais aussitôt me frappait la pensée, écœurante, qu'elle pouvait ouvrir les jambes, qu'elle avait déjà ouvert les jambes, au premier venu, à quiconque était susceptible de payer quelques dizaines de piastres pour la pénétrer. D'autres avant moi l'avaient saccagée, d'autres après moi achèveraient de la flétrir. Elle révélait ce que la nature pouvait créer de plus beau et ce que la société pouvait produire de plus laid. N'était-ce pas pour résoudre cette équation, en fin de compte, que nous voulions faire la révolution ?

Je passai les jours suivants dans les affres d'une hésitation incessante, entre la tentation d'y aller et celle de rester chez moi. Le vendredi venu, je partis avec l'intention d'aller faire un tour par les jardins publics d'El-Ezbekiyya, paradis des amateurs de livres d'occasion, où l'on trouvait tous les jours de nouveaux arrivages.

Mes pas me conduisirent d'eux-mêmes dans la direction de l'immeuble où m'attendaient mes trois amis. Je n'avais jamais douté, au fond, que telle serait ma destination finale. Je montai lentement l'escalier, mon cœur battant fort. J'avais nettement conscience de ne plus tenir les commandes, d'être mû par autre chose que ma volonté.

Je frappai à la porte et c'est Muhammad qui vint m'ouvrir. Son visage s'éclaira d'une nouvelle nuance de son éternel sourire. Il était soulagé, franchement heureux. Je m'entendis lui dire :

— Content de toi ? Te voilà en train de corrompre un militant révolutionnaire.

— Entre. On t'attendait.

— Pourquoi ?

Les deux frères étaient assis dans l'entrée, devenue pour l'occasion salle d'attente. Ils me saluèrent bruyamment et Muhammad m'expliqua :

— Nous avons décidé que tu devais être le premier !

Je compris qu'il avait divulgué mon secret. Mais je n'eus pas le temps de me révolter contre cette trahison. Déjà il m'entraînait, me poussait littéralement jusqu'à la chambre nuptiale. Puis, avant d'ouvrir la porte, il me dit à voix basse :

— S'il te plaît, ne nous refais pas le coup de Saïd...

ah, et puis, n'embrasse pas la fille sur la bouche. Ça ne fait pas partie de l'accord. Ça coûte plus cher.

Saïd était un jeune homme de leurs amis, qu'ils avaient un jour invité chez eux, comme moi, pour une cérémonie de dépucelage. Au lieu de s'exécuter, il avait tenté de rhabiller la fille, tout en lui infligeant une leçon de morale, lui expliquant qu'elle devait se révolter contre l'exploitation que l'on faisait de son corps. Effarée, ne comprenant rien à ce qu'il lui débitait, craignant de ne pas empocher l'argent qui lui avait été promis, elle était sortie engueuler les autres garçons.

Je ne risquais pas de refaire le coup de Saïd.

Dans la chambre aux persiennes closes, d'où filtrait, tamisée, la lumière dorée de la mi-journée, la jeune femme était allongée sur le lit de Muhammad. Elle était nue, comme si de rien n'était, étendue là, naturellement. Sa peau, couleur de miel sombre, faisait ressortir sur la blancheur froissée des draps les lignes de son corps jeune et ferme. Elle avait la tête tournée vers la porte que je venais de franchir. Elle me fit sentir que son regard se posait, non sur un client, mais sur moi.

Je m'étais déshabillé sans le savoir. J'étais plusieurs regards, éparpillés entre son visage d'une sensualité sans artifice, ses mamelons hérissés, les poils ébouriffés de son pubis. Je frissonnais, mais quelqu'un d'autre que moi dominait la scène en spectateur.

Je l'entendis prononcer son premier mot:

— Viens.

Sa voix était rude, rocailleuse, elle venait du fond de sa campagne, et m'appelait de toute sa personne. Je me retrouvai étendu près d'elle, qui prit aussitôt possession de mon corps. Elle vint se poser sur moi, d'un seul bond, avec l'agilité féline d'une petite panthère. Elle se saisit de mes bras, qui étaient ballants, pour les caler sur ses hanches, puis, avec des gestes toujours sûrs, souples, souleva son bas-ventre, empoigna ma verge, la pointa vers l'entrée de son pubis et, par la seule pression descendante du bassin, la fit s'enfoncer en douceur jusqu'au fond.

La peau de ses paumes, comme celle de ses plantes de pied, était celle d'une paysanne, ferme et rugueuse, contrastant avec la douceur soyeuse du reste de son corps. Ce trait, étrangement, m'attendrit. Elle avait cessé de bouger, s'apprêtant à me surprendre encore :

— Maintenant beau gosse, embrasse-moi.

— Ils m'ont dit...

— Embrasse-moi... Et ne te presse pas de finir.

Je ne savais pas ce que c'était qu'embrasser. Elle n'attendit pas que je le découvre tout seul. Ce furent ses lèvres qui desserrèrent suavement les miennes, ce fut sa langue qui pénétra ma bouche, s'enroulant autour de la mienne, me léchant jusqu'à l'entrée de la gorge. Ce faisant, c'est elle-même qui entama le va-et-vient.

Elle avait, de bout en bout, tout contrôlé, mais elle ne pouvait décider pour moi de la fin, qui vint trop vite. Elle dit alors :

— Ne bouge plus !

Son corps se raidit, elle poussa un soupir, gardant les yeux fermés une longue minute, puis elle les rouvrit :

— La prochaine fois, essaie de rester un peu plus longtemps.

Je ne voulais pas m'en aller, et il me sembla qu'elle ne voulait pas que je parte. Mais les autres attendaient derrière la porte. Je me dépêchai de me rhabiller et sortis sans rien trouver à dire. Déjà, le suivant prenait son tour dans la chambre.

Muhammad me lança un regard interrogateur :

— Alors ?

Je me dérobai :

— Je peux prendre une douche ?

Quand je le revis deux jours plus tard, il me dit qu'ils avaient tous été très contents de la jeune femme, qu'ils lui avaient demandé de revenir le vendredi suivant et que je serais toujours, bien sûr, le bienvenu. Il ajouta que c'était la jeune femme qui l'avait souhaité.

Elle ne revint pas le vendredi suivant, ni ceux d'après.

5

La porte de la cellule se referma et nous plongea, Muhammad et moi, dans l'obscurité.

Je restai un instant sans voix. La joie de n'être plus seul le disputait à la stupéfaction de le voir, lui, devant moi. L'un d'entre nous dut dire :

— Çà pour une surprise...

Il posa son paquetage par terre et s'assit dessus, encore plus abasourdi que moi.

— J'imagine toutes tes questions..., murmura-t-il.

— Mais pourquoi as-tu été arrêté ?

— Je l'ai bien cherché !

Il y eut un nouveau silence. Puis il reprit :

— À l'origine de tout ça... il y a votre arrestation. Elle m'a affecté bien au-delà de ce que j'aurais imaginé moi-même. Je me suis rendu compte, brusquement, que je vous aimais bien, vous autres, malgré votre fumeuse dictature du prolétariat. Tu le sais, ou peut-être ne le sais-tu pas, j'ai de la famille en Syrie. J'ai décidé d'aller faire un tour là-bas.

— Tu espérais respirer un air plus libre là-bas ?

Il passa outre :

— Ma vraie destination c'était l'Irak. C'est ce pays qui m'intéressait. La Syrie a accepté de se faire bouffer par l'Égypte, l'Irak s'y refuse. Pourquoi ? Parce que le parti communiste est très fort là-bas, il s'est opposé à une fusion avec l'Égypte, dont il aurait été la première victime. J'ai voulu aller voir, sur place, à quoi ressemble un peuple qui dit non à Nasser.

Les murs de la cellule s'évanouirent. Je me transportai avec lui dans le port d'Alexandrie, où il prenait un bateau partant pour Lattaquié. Là il retrouvait des cousins, qui l'emmenaient à Damas. Il y rencontrait des écrivains, des artistes, des journalistes, qui lui paraissaient tous un peu perdus. L'unification de leur pays avec la grande sœur égyptienne s'était faite dans l'euphorie, mais les lendemains avaient commencé à déchanter. L'union au quotidien, c'était l'implantation chez eux de l'État policier de Nasser. Les libertés dont ils avaient joui jusque-là avaient été rapidement rognées. Le pluralisme traditionnel des Syriens cédait le pas à l'hégémonie présidentielle égyptienne. Le parti communiste était interdit. Pour tous ceux que le désenchantement gagnait, l'espoir se reportait vers l'Irak.

Passer de la Syrie à l'Irak ne pouvait se faire par les voies légales. Mais la frontière entre les deux pays était longue et poreuse, les filières clandestines nombreuses. Muhammad arriva sans encombre à Bagdad. Là, c'est une tout autre ambiance qu'il trouva. Il fut accueilli chaleureusement. Un militant égyptien, qui avait le courage de venir jusqu'en Irak, pour proclamer son opposition au projet arabe de Nasser, était un oiseau rare. Il fut choyé en conséquence. Il choisit un pseudonyme, sous lequel il fut invité à des réunions publiques, en tant que représentant officiel du vrai peuple égyptien. Il fit des discours et, se laissant gagner par l'euphorie régnante, dénonça le projet dictatorial nassérien et loua le projet révolutionnaire irakien. Il prit plaisir aux salles combles, dont les applaudissements le grisaient.

— Pourquoi es-tu revenu, alors ?

— J'ai commencé à voir l'envers du décor. Le régime qui tient tête à Nasser a aussi ses opposants, qu'il ne traite pas mieux que Nasser ne nous traite. C'est même bien pire, là-bas. J'ai entendu parler de militants qui disparaissaient, j'ai assisté à un procès révolutionnaire qui était une sombre farce, j'ai vu des potences dans les rues... Quand ils sont violents, ils le sont beaucoup plus que nous. Un avant-goût de dictature du prolétariat, en somme. Je savais ce que je risquais en rentrant en Égypte, mais je ne voulais plus rester en Irak.

— Quand es-tu rentré ?

— Il y a une semaine... Huit jours exactement.

— Et ils t'ont arrêté comment ?

— C'est ce qu'il y a de bizarre, dans l'affaire. Je pensais qu'ils allaient me cueillir à ma descente de bateau, à Alexandrie. Je m'étais préparé à quelque chose comme ça. Pas du tout. Je suis tranquillement rentré chez moi. Quand ils sont venus m'arrêter, j'étais sûr que c'était à cause de mon périple irakien. Ils ne l'ont même pas mentionné. C'est à peine croyable, mais ils n'ont pas l'air d'être au courant. Nous nous imaginons que nos services secrets savent tout. Et pourtant... Tiens-toi bien, ils m'ont arrêté parce qu'ils ont découvert, en raclant leurs fonds de tiroir, que je te connaissais, que tu venais parfois à la maison ! Mais dans ce cas, pourquoi m'arrêter moi et pas mes colocataires ?

— Tu es ici depuis quand ?

— Je viens d'arriver. J'ai passé une semaine à la Citadelle. Puis ils m'ont amené ici.

Il s'endormit avant moi, me laissant vagabonder seul sur les chemins de son rocambolesque voyage.

Je me réveillai, presque heureux à la pensée que cette semaine d'enfermement solitaire s'était miraculeusement transformée en tête-à-tête avec Muhammad.

Tandis que nous trempions notre miche de pain dans l'écuelle de méchante mélasse servie la veille, nous entendîmes le seul bruit qui se pût entendre dans ce silence, celui de pas qui s'approchaient de notre cellule. Je pensai qu'on venait nous conduire aux latrines. La porte s'ouvrit, pour laisser apparaître le sergent Slimane. Il pointa du doigt Muhammad :

— Toi. Amène-toi.

Muhammad se leva et fit un pas vers lui. Il l'arrêta d'un geste.

— Amène aussi ton paquetage.

— Comment ?

— Ton paquetage.

Muhammad, pris de court, me regarda comme pour me demander ce qu'il se passait, ce qu'il devait faire. Je me mis debout. Cela n'avait pas de sens. C'était pour faire comme lui. Je demeurai bêtement immobile, tandis qu'il enroulait sa couverture dans son paillasson. Il se saisit de son paquetage et se tourna pour me donner l'accolade. Nous évitâmes de nous regarder dans les yeux. Lorsque la porte se fut refermée, je m'accrochai au bruit de ses pas, de ses pas à lui, que je m'efforçai de distinguer de ceux du sergent. Puis rien.

Je me laissai retomber sur mon paillasson.

J'étais deux fois plus seul qu'avant. Et la cellule était deux fois plus froide. Et le silence deux fois plus lourd. Mes geôliers ne me laissaient aucun répit. Je ne m'étais jamais senti aussi cruellement agressé.

De le constater, soudain, me fit l'effet d'une gifle. Si mes geôliers cherchaient à me démoraliser, il dépendait de moi qu'ils réussissent ou qu'ils échouent. Le terrain de l'affrontement était ma conscience, je gardais l'avantage. Je devais tout de suite commencer à penser, oui, à penser, même fébrilement. Je devais m'agripper, de toutes mes forces, à une idée après l'autre. Garder le contrôle.

Muhammad parti, je me dis que j'allais passer en revue, méthodiquement, les questions que son récit laissait sans réponse. Pourquoi au juste avait-il été arrêté ? Était-il possible que ce fût seulement parce qu'il était mon ami ? Dans ce cas, pourquoi n'avoir pensé à l'arrêter que près d'un an après moi et pourquoi n'avait-on pas inclus, dans le même coup de filet, ses deux colocataires ? Comme par hasard, on avait commencé à s'intéresser à lui après son périple irakien. Comment les multiples services secrets de l'État — ceux de la Présidence, ceux de l'Armée, ceux de l'Intérieur — auraient-ils pu tout ignorer de ce périple, alors que Muhammad avait publiquement pris la parole, à Bagdad, contre la politique de Nasser ? Ce n'était pas plausible.

Mais si ces services savaient à quoi s'en tenir sur le comportement de Muhammad, assimilé ici à de la haute trahison, comment se faisait-il qu'ils lui aient épargné les interrogatoires musclés infligés à d'autres, pour des crimes moins graves ? La logique aurait voulu qu'il soit immédiatement conduit à la sinistre prison militaire, où on lui aurait vite extorqué des aveux complets. À moins qu'il n'ait avoué sans se faire prier, et qu'il n'ait accepté, pour se racheter, de venir ici pour nous espionner.

Je n'en croyais rien, mais je me forçais à aligner froidement toutes les suppositions. D'ailleurs, qu'y avait-il à espionner dans ce camp ? Nous étions tous connus pour être ce que nous étions, nous ne cachions pas nos opinions dissidentes et on nous sanctionnait précisément pour cela. Nous n'avions pas de plans secrets, le pouvoir le savait. Les délateurs n'avaient pas grand-chose à picorer au milieu de nous.

Je me trouvai alors face à une hypothèse, rassurante pour l'esprit, quoique inquiétante pour Muhammad. Il n'était jamais allé en Irak. Il avait tout inventé. Il était devenu mythomane. Je n'avais rien senti la veille, pourtant, qui me laissât le penser.

Je me relevai d'un bond. Je sentais tout à coup l'impérieux besoin de bouger, de faire quelque chose de mon corps. Mon enquête sur le cas de Muhammad débouchait sur plus de questions que de réponses. Elle n'avait fait que refouler une rage qui montait. Je commençai à parcourir à tout petits pas, allers et retours, les trois mètres qui faisaient la longueur de la cellule, en frappant le sol avec force. Mais cela me sembla dérisoire.

Il me fallait taper fort contre quelque chose. N'importe quoi. J'observai un à un les maigres objets dont je disposais. Je n'allais pas taper dans mon écuelle en métal. Je repliai mon paquetage, en serrant bien le paillasson autour de la couverture. Cela faisait une masse ni trop molle ni trop compacte. Je la calai contre un mur, à même le sol. Puis je me mis à genoux et commençai à taper.

Je tapai longtemps, respirant d'abord régulièrement, puis de manière plus saccadée, jusqu'à en perdre le souffle. Il me resta ensuite juste assez d'énergie pour étaler à nouveau sur le sol le paillasson et la couverture. Je me laissai retomber, suant, essoré, vide.

J'aurais beaucoup d'heures à passer avant l'arrivée de la nuit. Je touchais le fond et je n'allais pas me raconter d'histoires. J'étais affreusement malheureux. Je n'avais plus la force de me battre pour me prouver le contraire. Tant pis. J'acceptai d'être malheureux et cela, aussitôt, mystérieusement, m'apaisa.

J'étais sûr, maintenant, que je ne craquerais pas. Pour le reste, je verrais plus tard. Je m'endormis.

Je revins paresseusement à moi, par bouffées de souvenirs aux teintes chaudes, droit surgies de l'enfance, comme les lampions d'une fête lointaine.

Le village natal. Les années d'insouciance. Nous vivions à l'abri des contingences matérielles. Mon père, fonctionnaire de l'État, percevait un salaire mensuel, garanti, intouchable. Ce privilège nous valait de recevoir des vêtements neufs deux fois par an, à la veille des fêtes religieuses. Quelques piastres d'argent de poche, pour profiter des spectacles et des jeux forains proposés à ces occasions. Pour acheter même, parfois, des bonbons. Nous faisions tous les jours un vrai repas.

Pour désigner notre village, les gens disaient : « mon pays ». La distance entre « mon pays » et les autres m'avait longtemps semblé infranchissable. Puis mes lisières n'avaient cessé de s'éloigner, en cercles concentriques épousant les affectations successives de mon père.

Il y eut d'abord Faraskour. Un chef-lieu, où mon père avait été transféré, après avoir été nommé proviseur. Nous emménageâmes dans un véritable appartement, au premier étage d'une maison, dont le rez-de-chaussée était habité par un couple encore jeune, mais sans enfants. Lui était marin. C'est par la bouche de sa femme que j'entendis, pour la première fois, les noms de Chypre, de la Crète, de la Grèce.

Elle s'appelait Aziza. Elle fut ma découverte de la grâce. Elle avait un visage aux traits fins, tout de tendresse, qui s'éclairait dès que j'apparaissais, qui semblait ne s'éclairer que pour moi. Son mari était constamment en voyage. Il voulait amasser assez d'argent pour pouvoir ouvrir un café. Elle était seule et avait fini par m'adopter. Je descendais chez elle dès que je le pouvais. Je passais des soirées entières, assis face à elle, à écouter les histoires qu'elle me racontait, des histoires enchantées que je ne retrouverais plus tard dans un aucun livre. Tout ce qu'elle me racontait était de son invention. Ce furent mille et une nuits, rien que pour moi. Je la quittais, émerveillé, sans comprendre pourquoi le regard qu'elle m'adressait, au moment où je m'en allais, laissait au fond de moi une indéfinissable tristesse.

Puis ce fut Damiette, une vraie ville, où tout prenait de nouvelles dimensions. Les rues, les immeubles, les ponts. Mais aussi mes horizons intérieurs, l'espace qui s'ouvrait à mon imagination.

Durant les vacances scolaires, je revenais au village natal, chez mes grands-parents. Au début, je m'en réjouissais. Mais peu à peu, ces visites se firent plus courtes, plus espacées. Je m'étonnais de la saleté poussiéreuse des sentiers, de l'étroitesse des esprits, du manque de confort à chaque pas. Il n'y avait pas encore d'électricité et je ne pouvais plus me passer de lecture. Il n'y avait ni librairie, ni cinéma, ni même une radio dans la famille.

Je m'allongeais sur l'herbe, dans un coin d'ombre au bord du canal, attendant l'extase de l'air pur de la campagne. Les mouches, moustiques, bourdons et autres insectes se faisaient aussitôt une fête de m'assaillir, attirés par ma propreté, assoiffés de mon sang de citadin. Je me relevais, exaspéré, les vêtements couverts de fourmis géantes. Je n'avais plus qu'une hâte, retrouver Damiette.

Je venais de découvrir que les livres n'étaient pas seulement faits pour m'enseigner les vérités éternelles de la religion, ou m'aider à l'école, mais pour me révéler le monde. Aziza m'avait offert mes premiers voyages au-delà des mers. Les livres furent ma conquête de l'Amérique.

Je n'eus pas, tout d'abord, d'accès direct à ces livres. Je n'en avais pas les moyens. Mais j'eus droit à des résumés, à des extraits, publiés dans deux revues de culture populaire, d'inspiration laïque, parues après la Première Guerre mondiale. Mon père s'y était abonné et avait soigneusement gardé les exemplaires reçus, empilés sous une bâche, dans un coin de notre balcon.

Je dénichai le trésor par hasard, au début des vacances d'été. Je commençai par feuilleter les numéros, dans le désordre. Puis j'y passai de plus en plus de temps, plusieurs heures par jour. Récits, nouvelles, romans, certains égyptiens mais la plupart étrangers, traduits de l'anglais, de l'américain, du français. Le balcon devint mon île. Quand mon père ou ma mère me cherchaient, ils savaient où me trouver.

Un jour, je tombai sur Homère. Cette traduction de *L'Illiade* et de *L'Odyssée* n'était qu'une version très abrégée du poème, mais je ne le saurais que plus tard. Le texte que j'avais sous les yeux fut un tournant. Ulysse ne ressemblait à aucune des figures qui m'accompagnaient depuis la première enfance, puisées dans le panthéon musulman ou les épopées villageoises. Mais il me parlait de moi.

Il me disait que la liberté, que la volonté étaient susceptibles de modifier le tracé d'une vie, que les hommes pouvaient tenir tête aux dieux. Je l'accompagnai, passionnément, dans ses combats et dans ses amours, dans les dangers qu'il affrontait comme dans les plaisirs qu'il cueillait, d'une île à l'autre, d'une femme à l'autre.

Une chose, cependant, avait continué de m'intriguer. Je ne comprenais pas comment, passant des bras de Circé à ceux de Calypso, Ulysse était resté aussi indissolublement attaché à Pénélope. Dans le paradoxe de cette fidélité, tout au long de ses infidélités, j'avais soupçonné une profondeur qui m'échappait, un mystère à élucider, que je m'étais promis de revisiter plus tard.

Je me redressai subitement. Je n'étais plus seul dans la cellule. Nadia était là. Elle était revenue. Ce fut alors seulement que je me rendis compte qu'elle s'était éclipsée, que je l'avais bizarrement perdue de vue, durant toute une journée. Je retrouvais mes esprits.

Je savais, maintenant, ce que je ferais de ma semaine en cellule. Ce moment de solitude imprévue serait voué à Nadia. Je ne me contenterais plus de l'attendre. J'irais au-devant d'elle. Je ressusciterais notre roman, depuis le début, chapitre après chapitre. Ce serait une fête. Je redécouvrirais ces instants magiques, qui m'avaient peu à peu révélé à moi-même. J'aborderais nos rendez-vous, le cœur battant, revivant chacun d'eux pour la première fois.

6

Que de hasards s'étaient enchaînés, pour nous permettre de nous trouver !

Tout d'abord, il avait fallu que je quitte Damiette pour Le Caire. J'en voulus aussitôt à mon père d'y avoir loué un appartement dans un immeuble moderne, situé dans le quartier relativement cossu de Douqqi. Ce choix confortait le sens qu'il avait de son statut social, mais dépassait ses moyens. En province, le revenu d'un proviseur lui permettait de figurer parmi les notabilités, pas dans la capitale, où les salaires grimpaient beaucoup moins vite que les prix. Nous jouions à faire le grand écart entre les deux. Une fois payés le loyer, les charges et la nourriture, il ne nous restait rien.

Pour mon argent de poche, il fallait attendre des occasions spéciales, guetter des moments favorables. Il n'était pas question d'avoir une somme fixe, sur un mode régulier. Notre venue au Caire, au fond, n'avait suscité en moi qu'une série de déconvenues. Elle avait surtout répondu à une ambition de mon père, une ambition informulée et vaine, partagée par des milliers d'autres fonctionnaires de l'Éducation nationale. Se rapprocher de l'administration centrale, dans l'espoir de passer de l'enseignement à l'inspection, de gagner quelques marches sur l'échelle de la respectabilité.

Un jour, n'y tenant plus :

— Pourquoi ne sommes-nous pas restés à Damiette ? Nous étions tellement mieux là-bas.

Il ne dit rien. Il eut un regard que je ne lui connaissais pas. Ce n'était pas de la colère. C'était un aveu de vulnérabilité, qu'il me reprochait de lui extorquer par surprise. Il commençait à se rendre compte du côté fumeux de son projet de carrière, il voyait bien que cela nous déclassait, il ne savait trop quoi me dire, et d'avoir à s'en expliquer était en soi un coup porté à son autorité.

Ce fut sans doute la première fois que je réalisai, nettement, que cette autorité n'allait plus de soi. Son regard ne m'inspira pas de sentiment de culpabilité. Je me reconnaissais le droit de dire ma vérité, de pointer le coût d'une ambition personnelle qui faisait fi des aspirations de sa famille. Je venais d'ailleurs d'exprimer plus que ma propre frustration. Je me faisais l'interprète de la tristesse muette de ma mère.

C'était une fille de la campagne, qui ne savait ni lire ni écrire. Nous n'avions pas de radio, rien pour meubler sa solitude, pour tromper son terrible dépaysement. Durant quelques années, après avoir quitté notre village, nous étions restés dans un rayon assez proche, pour que ses sœurs et ses cousines pussent lui rendre souvent visite. Au Caire, elle était totalement isolée de son monde. Ses voisins de palier, dont ne la séparait pourtant qu'une cloison, vivaient dans un autre temps. Je la sentais lentement dépérir.

Je pris l'habitude, en fin d'après-midi, avant d'aborder mes révisions, d'aller la retrouver dans sa chambre. Elle m'attendait, assise dans un vieux fauteuil, les cheveux tôt blanchis, le regard vague, qui, me voyant, retrouvait son repère égaré. Je lui racontais tout ce qui me passait par la tête, je me doutais bien que ce que je lui disais comptait moins que ma présence. Je m'efforçais cependant de me souvenir de faits cocasses, de rencontres surprenantes. J'attendais son rire, qui n'éclatait pas, qui affleurait seulement, retenu par une pudeur qui venait du plus profond d'une enfance où elle avait appris à ne jamais se faire remarquer. Ce rire furtif, d'un oiseau blessé, je l'accueillais comme une offrande. Parfois, la gorge serrée, je lui prenais la main et la portais à mes lèvres. C'était elle qui mettait fin à ces moments, en me disant que je devais aller retrouver mes livres. Je ne pardonnerais pas à mon père de l'avoir oubliée, en dressant ses plans de carrière.

Dieu seul sait comment j'avais décroché la mention très bien, à la fin de mes études secondaires. C'était le sésame indispensable pour prétendre accéder à une faculté de médecine. Je ne fus pas reçu à l'université du Caire, la plus prestigieuse, mais à l'université d'Ain Shams. Celle-ci était située dans un quartier périphérique du Caire, à plusieurs kilomètres de Douqqi. Ne pouvant me payer les transports en commun, je devrais faire, tous les jours, l'aller-retour à pied.

J'avais espéré mon entrée à l'université, tout en

l'appréhendant. Elle me promettait un contact avec un bouquet de jeunes filles, toutes inconnues, que j'allais côtoyer quotidiennement. Cela m'excitait mais, d'avance, me frustrait. Flirter, c'était dépenser de l'argent. Le prix d'un billet de cinéma était difficile à réunir, le prix de deux billets serait au-dessus de mes forces.

Mais ces soucis me seraient épargnés. Notre première année universitaire fut bouleversée par le gigantesque événement qui allait secouer l'Égypte. Après la nationalisation du canal de Suez, en juillet 1956, suivie de l'agression anglo-franco-israélienne en octobre, les esprits restèrent mobilisés par le tourbillon politique et militaire dans lequel tout le pays fut entraîné. Les études suivirent comme elles purent. Il n'y eut pas de place pour le flirt.

La première personne qui commença à compter pour moi, dans l'enceinte universitaire, fut Anwar. Nous nous trouvâmes assis par hasard côte à côte dans l'amphithéâtre et nos premiers échanges furent banals. Il était de taille moyenne, quoique de carrure solide. Un physique qui pouvait passer inaperçu. Mais il avait les yeux gris-bleu. Je lui fis remarquer qu'il devait être le lointain rejeton d'un soldat français, de l'armée de Bonaparte, ou peut-être même de l'armée de Saint-Louis. Il n'en savait rien. Je fus touché par son regard. Un regard timide, mais franc, jamais fuyant, où je devinai une bonté vraie, qui n'osait pas se dire, qui attendait pour s'exprimer d'être en terrain sûr.

Le lendemain je le trouvai debout, à la porte de

l'amphithéâtre, fumant une cigarette. C'était la première fois que je voyais un condisciple fumer. Le signe, en tout cas, qu'Anwar ne se débattait pas dans les mêmes affres matérielles que moi. J'attendis près de lui qu'il eût fini, puis nous prîmes l'habitude de nous retrouver tous les matins. Je m'aperçus un jour qu'il était devenu mon ami.

Il n'y eut pas entre nous d'explication politique, mais quand j'entamais des discussions avec d'autres étudiants, il se tenait à mes côtés. S'il lui arrivait d'intervenir, c'était toujours pour soutenir les positions que je défendais. Vers la fin de l'année universitaire, il me demanda s'il pouvait rejoindre notre organisation, ce qui me parut, alors, aller de soi.

Ce fut en deuxième année que Nadia fit son apparition. Elle avait entamé ses études à l'université d'Alexandrie. On ne savait pas pourquoi elle avait été mutée chez nous, mais elle devint vite le point de mire de la promotion. On ne pouvait pas ne pas la remarquer. Elle était plus que belle, elle rayonnait.

Elle prit l'habitude de s'asseoir au premier rang, entourée d'un essaim d'admirateurs. Je préférais les derniers gradins, d'où je dominais l'amphithéâtre. Je n'allais pas me joindre à sa cour. Mais je ne m'empêchais pas de la dévisager, quand il lui arrivait de se retourner, pour converser avec des condisciples assis derrière elle.

Même de loin me happait ce visage diaphane, d'où émergeaient des yeux immenses, d'un noir incandescent, dont l'éclat était comme réverbéré par la blancheur satinée de sa peau. Je pensais à la figure envoûtante de nos reines, sur les bas-reliefs pharaoniques, voluptueuse mais inaccessible, lumineuse mais secrète. Il lui suffisait de sourire pour que ses interlocuteurs, aux anges, cessent de parler.

Trois mois passèrent avant que je me trouve, à mon tour, face à elle.

Le deuxième trimestre débutait. Je sortais de l'amphithéâtre, en compagnie d'Anwar. Nous cherchions notre voie, dans un dédale de couloirs, vers un nouveau laboratoire de travaux pratiques. C'était mal indiqué. Nous avions d'abord forcé une porte qui n'était pas la bonne. Nous rebroussions chemin, quand nous tombâmes sur Nadia. Elle allait justement vers la porte que nous venions de quitter.

Elle avait une démarche gracieuse, déliée. Elle semblait fendre l'air. Son regard, qui embrassait tout l'espace autour d'elle, irradiait une suave et sensuelle mélancolie. Un frisson courut sur ma peau.

Elle nous dépassa, poussa la porte du labo et disparut. Elle nous avait englobés dans son regard, mais je ne savais pas si elle m'avait vu.

Nous continuâmes, Anwar et moi, à longer d'autres couloirs. Nous ne parlions pas, et je ne le regardais pas, mais je sentais ses yeux fixés sur moi. Lorsque nous eûmes enfin trouvé la porte du labo, il m'arrêta d'une main.

— Ça va ?

— Mais... pourquoi me poses-tu cette question ?

— Ce n'est pas la première fois que tu la vois.

— Non, bien sûr... Elle est dans notre amphi.

— Dans l'amphi, elle vient tôt. Et elle se met au premier rang. Toi, tu viens tard et tu te mets au dernier. Vous auriez pu passer l'année sans vous croiser.

— Ça aurait sans doute mieux valu.

Il soupira, puis, solennel :

— Il est de mon devoir de te tenir au courant de l'état actuel de la concurrence. Deux chargés de cours lui courent après. Et il y a la bande de nos condisciples italiens, qui lui tournent autour. Plusieurs d'entre eux ont des voitures. Tout ce monde se retrouve souvent à la cafétéria. Mais ce n'est pas un endroit que tu fréquentes.

— J'ai bien reçu ton message, dis-je.

— Tu en es sûr ?

Je poursuivis, sans relever :

— Mais comment as-tu appris tout ça ?

— Il m'arrive de passer à la cafétéria.

— Tu ne m'as jamais parlé d'elle.

— À toi, parler d'une fille ?

La réplique m'arracha un sourire.

— Bon... Mais c'est quoi, cette histoire d'Italiens ? Que viennent-ils faire parmi nous ? Ils n'ont pas de facultés de médecine, en Italie ? Au lycée, il y avait des étudiants palestiniens avec nous. Les Palestiniens, ça se comprend, mais les Italiens ?

— Qu'est-ce qu'ils t'ont fait, les Italiens ? Ils sont plutôt marrants. Ce ne sont pas des Anglais. Ils n'ont pas de visées impérialistes, eux !

— Eh bien, qu'ils cessent de lorgner notre patrimoine national !

Nous partîmes d'un éclat de rire mal assuré.

Je passai un mauvais après-midi, suivi d'une plus mauvaise nuit. Durant les deux heures de travaux pratiques, je m'étais concentré sur ma réaction chimique. Mais le désarroi commença de m'envahir sur la route du retour. Le destin s'emmêlait les pinceaux. Il avait bien envoyé une princesse, mais elle ne serait pas à moi. Elle appartenait à un milieu bourgeois où je n'entrerais jamais. Et même, elle préférait la compagnie des Italiens à celle des Égyptiens. Arrivé à la maison, j'étais transi de tristesse.

Je fus tenté de me lever un peu plus tôt, le lendemain matin, et d'aller à la cafétéria. Pour vérifier. Mais vérifier quoi ? Je savais déjà que Nadia y serait. Qu'elle y retrouvait des condisciples, dont certains étaient italiens. Qu'ils avaient tous des moyens que je n'avais pas. Je ne ferais que me couvrir de ridicule, si je me pointais au milieu d'eux. Et Anwar ne saurait pas quoi penser de moi.

Anwar. Il m'avait parlé de Nadia sur un ton qui ne lui était pas habituel. Un ton fiévreux et péremptoire. Comme si ce qui la concernait le touchait naturellement. Mais oui, il était amoureux d'elle !

Je voulais l'entendre me le dire.

Cela ne me ressemblait pas du tout. Lorsqu'il arrivait à Anwar de me faire un aveu, ou une confidence, c'était lui qui en éprouvait le besoin. Même quand je le sentais venir, je n'allais pas le chercher, je le laissais choisir son moment. Cette fois, non. Dès que nous nous trouvâmes seuls, je lui demandai :

— Tu es amoureux d'elle ?

Il n'eut même pas besoin de répondre. Il m'apparut si désarmé, si malheureux, que je regrettai aussitôt la brutalité de ma question. Mais je me devais de savoir. Pour le mettre en garde. Pourquoi courir après son malheur ?

— Tu connais l'histoire de Qays et Layla ?

— ... Pas vraiment.

— Qays, c'est l'archétype de l'amour fou. Tout ce que je déteste. Dans l'Arabie d'avant l'islam, il tombe amoureux de sa cousine, qui lui est interdite parce que son père décide de la marier à un autre. Alors Qays passe le reste de sa vie à la pleurer, il se plaint aux pierres, il parle aux animaux... Depuis, on l'appelle le Fou de Layla. On me dit que cet amour, au fond, est un amour mystique. Tant mieux pour lui, mais pour moi, non merci. C'est cette manière d'aimer, de penser, de vivre, qui nous a menés au fond du trou où nous sommes !

Je m'emportais, il ne voyait même pas où je voulais en venir. Je conclus :

— Aujourd'hui il y a mieux à faire qu'à prendre Qays comme modèle. Laisse tomber Nadia. Elle n'est pas de notre monde.

— Je sais.

Sa voix manquait si terriblement de conviction que j'en eus la gorge serrée. Nadia avait frappé, et c'était moi qui me sentais responsable du malheur d'Anwar.

La suite, je n'aurais jamais pu l'imaginer.

Nous avions tous fini par trouver nos repères dans l'amphithéâtre. Chacun de nous, en y entrant, se dirigeait vers une place qui, sans qu'on sût pourquoi, était vaguement devenue la sienne.

Ce matin-là, arrivant devant ma place habituelle, je

la trouvai occupée. Ou plutôt réservée, par quelqu'un qui semblait l'avoir réquisitionnée d'office, en posant ses cahiers sur la partie du banc où je devais m'asseoir. J'étais surpris par l'effraction, mais sans lui prêter d'importance. L'idée ne me vint pas de tourner la tête pour savoir qui l'avait commise. Je m'apprêtais à aller ailleurs, quand je vis une main se tendre, venant de la place à côté, pour libérer la mienne en ramenant vers elle les cahiers. C'était la main de Nadia.

Je restai cloué sur place.

Satisfaite de l'effet de surprise quelle avait escompté, elle eut un rire joyeux, mais aussitôt étouffé par politesse. Je n'étais pas, comme Anwar, amoureux de Nadia. Mais ce rire à peine éclos me fit tressaillir de la tête aux pieds.

Elle m'abandonna, pour prêter toute son attention au conférencier. J'hésitai à m'asseoir à côté d'elle. Tout était si imprévu. Mes vêtements faisaient pitié. Le col de ma chemise était propre, mais déjà élimé, mes chaussures, usées par mes longues marches quotidiennes, n'avaient pas été cirées depuis des lustres.

Elle releva la tête et m'appela du regard, l'un de ses sourcils levé en signe d'étonnement. Elle ne comprenait pas que je sois encore debout. Je m'assis.

Je passai tout le temps de la conférence à me demander ce que je devrais faire ensuite. Je griffonnais ce qui devait ressembler à des notes, transcrivant des mots que j'entendais, mais dont le sens me filait entre les doigts. Le parfum de Nadia me montait à la tête. Je n'avais jamais rien respiré de tel. Il me fallait tenter de résister à l'insidieuse euphorie qui commençait de m'envahir.

Je ne comprenais pas ce qu'elle me voulait, mais elle était là, si près de moi, je la frôlais, je ressentais les plus légers frémissements de sa robe. Je n'arrivais plus à réfléchir. Où diable Anwar avait-il disparu ? Comment allait-il réagir quand je lui raconterais ?

Le professeur parti, elle reprit l'initiative :

— Tu t'es habitué à ce que la place à côté de toi reste vide...

Il fallait qu'elle m'observât depuis un certain temps, pour remarquer que la place était habituellement vide. Cette confession me désarmait. Elle le voyait, et s'en amusait. Elle était si sûre d'elle-même. Elle s'avançait en moi sans craindre de se tromper.

Désignant du menton mon cahier de notes :

— Tu as une belle écriture. Régulière, élégante...

Je balbutiai :

— Tu trouves ?

— Compare à la mienne !

— Elle est aussi belle...

Je voulais dire : aussi belle que toi, mais je me sentis trop maladroit, je laissai la phrase en suspens, soulagé de voir entrer le professeur suivant. Mais elle enchaînait déjà :

— Tu n'utilises pas de porte-plume ?

— Non.

— Pourquoi ?

Je regardai mon stylo à bille :

— Je suis plus à l'aise avec ça. Je l'aurais bien inventé moi-même, mais quelqu'un d'autre l'a fait avant moi.

Elle éclata cette fois d'un rire de cristal, encore plus enivrant que son parfum. Ses mots, ses moindres gestes, les intonations de sa voix étaient d'une justesse, d'une musicalité à peine réelles.

Le professeur avait commencé à parler, elle se remit à prendre des notes et je ne sus plus comment, pour moi, s'écoula l'heure suivante. À la fin du cours, elle se leva, comme attendue ailleurs, et lança simplement :

— À demain.

J'avais hâte d'aller rejoindre Anwar. Il ne m'attendait pas, comme à son habitude, à la sortie de l'amphithéâtre. Cette fois, c'était à l'entrée du labo. Je l'abordai en m'efforçant de rire :

— Tu ne sais pas...

Il avait un regard fixe, qui sonna l'alarme dans ma tête. Il me coupa :

— Si, je sais.

— Elle a dû arriver en retard aujourd'hui... Elle n'a pas retrouvé sa place.

— Non. Elle n'était pas en retard. Elle a choisi la place à côté de toi.

— Qu'est-ce que tu racontes ?

— J'étais là quand elle est entrée dans l'amphithéâtre. Sa place habituelle était libre. Et il y avait plein d'autres places libres, autour.

— Mais qu'est-ce que tu racontes ?

— Elle a décidé de s'asseoir à côté de toi, c'est tout.

— Tu plaisantes.

— Tu es le seul à ne pas le savoir. Et moi, je ne suis pas le seul à l'avoir remarqué. Tout l'amphithéâtre l'a remarqué.

— Tu plaisantes.

— Décidément, ton vocabulaire s'appauvrit à vue d'œil.

— Tu veux dire qu'elle l'a fait exprès, de s'asseoir à côté de moi ?

Il se contenta de hausser les épaules.

— Tu te trompes, dis-je. Tu te trompes du tout au tout. Que veux-tu qu'une fille comme elle fasse avec un garçon comme moi ? Nous n'avons rien de commun.

Il sourit faiblement.

— Avec les filles, tu n'es plus la même personne. Tu as tout faux. Pourquoi serait-elle venue s'asseoir près de toi, si elle n'en avait pas envie ?

Je levai la main :

— Tu es un vrai pote, mais tu n'y es pas. Elle s'amusait. Elle voulait tester son charme.

— Tu crois vraiment qu'elle a un doute à ce sujet ? Il lui suffirait de claquer des doigts. Tous les garçons de l'amphithéâtre accourraient.

Il hésita un instant, avant d'ajouter :

— Tous, sauf un.

7

Au commencement, il y avait eu la grande rafle.

À l'aube du 1er janvier 1959, plusieurs centaines de militants avaient été arrêtés en même temps, sur l'ensemble du territoire égyptien, avant d'être regroupés dans un camp d'internement aménagé au cœur de la Citadelle. Le coup de filet, préparé de main de maître, dans le plus grand secret, avait cueilli les principaux dirigeants et cadres du mouvement communiste, mais aussi de tout jeunes lycéens, et plusieurs écrivains et journalistes, dits progressistes. Trois mois plus tard, presque tous ceux qui avaient échappé à la grande rafle étaient pris à leur tour. La gauche égyptienne était sous les verrous.

Rien ne prédisposait la Citadelle à un si piteux destin. Construite par le grand Saladin, sur une colline surplombant Le Caire, elle embrasse une vue grandiose, qui s'étend, bien au-delà du périmètre de la ville, jusqu'aux pyramides de Gizeh. Les amoureux viennent là en pèlerinage, comme si l'immensité de l'espace, autour d'eux, donnait des ailes à leurs rêves d'avenir.

Peu d'entre eux savent l'intérêt militaire, décisif, que ce lieu a présenté pour tous ceux qui, à un moment ou un autre, ont gouverné l'Égypte. Tenir la Citadelle, c'était tenir la capitale à portée de canon, c'était dominer le pays. Lors de l'expédition française, le général Bonaparte, confronté à l'insurrection du Caire, avait donné l'ordre de bombarder la ville du haut de la Citadelle. En quelques heures, la révolte était brisée. Sultans, pachas, khédives, avant et après lui, avaient fait de même. Ce furent les Anglais, dernière puissance étrangère à occuper le pays, qui décidèrent de transformer une aile de la Citadelle en camp d'internement.

Nous entrions dans la grande Histoire de l'Égypte, par une porte dérobée.

Les victimes de la première rafle avaient été parquées à la Citadelle pendant près de trois mois, puis elles avaient été transférées dans une prison située dans le sud du pays, en plein désert libyque, la prison des Oasis. La Citadelle avait été vidée juste à temps pour accueillir les victimes de la rafle suivante. Celle dont je faisais partie.

Je me retrouvai du jour au lendemain confiné, vingt-deux heures par jour, dans une cellule de trois mètres sur quatre, que je partageais avec Anwar et un autre camarade. Nous dormions et mangions à même le sol avec, pour toute literie, un paillasson et deux couvertures chacun.

Il était quasiment impossible de bouger. Pour moi, qui avais l'habitude de marcher d'un bon pas trois ou quatre heures par jour, l'immobilité était une torture physique. La tension m'étouffait littéralement. Anwar avait trouvé le moyen de m'aider à l'épancher. Il prenait l'oreiller de crin qu'on nous avait servi comme appuie-tête, et le tenait solidement adossé à un mur. Je cognais furieusement, bras droit, bras gauche, comme aurait fait un boxeur à l'entraînement. Mais avec une rage que peu de boxeurs pouvaient mobiliser. Je me sentais mieux après.

Nous sortions de nos cellules deux fois par jour, une heure le matin et une heure le soir, pour nos besoins et notre toilette. Cela nous permettait de retrouver les occupants d'autres cellules, de partager les rares informations que les plus débrouillards parvenaient à se procurer, d'échanger quelques bribes d'analyse politique. Ceux qui en avaient le courage pouvaient prendre une douche froide. Le printemps s'annonçait.

Nous n'avions pas d'information sur le sort qui nous attendait. Nous avions par contre un trop-plein de rumeurs. Le camp était parcouru d'hypothèses contradictoires, le plus souvent inquiétantes, quelquefois follement optimistes. Il y avait des raisons de penser que nous resterions là quelque temps, avant d'être transférés ailleurs. Nous ne savions ni quand nous partirions ni où nous irions. Peut-être aux Oasis, rejoindre la direction du mouvement communiste. Mais bientôt nous apprîmes qu'une autre prison avait été aménagée dans la région d'El-Fayyoum, plus au nord, et qu'un petit contingent de nos camarades y avait déjà été transféré. Là, le tableau était particulièrement sombre.

On racontait que les premiers de nos camarades à débarquer dans la prison avaient été soumis à une humiliante cérémonie d'accueil. Dès leur arrivée, ils avaient été conduits au pas de course vers leur dortoir. Avant de pouvoir y entrer, ils avaient été forcés de s'agenouiller par terre, têtes baissées, et de rester absolument silencieux, sauf lorsqu'on leur posait une question. Ils devaient garder les yeux au sol, même en y répondant. Le moindre manquement était sanctionné par une volée de coups de poing et de pied, agrémentée d'une bordée d'injures. Après quoi, ils étaient autorisés à entrer dans le dortoir et à s'affaler sur leurs paillassons. Tout en continuant d'entendre les coups et les injures infligés à ceux qui venaient après eux.

Pourquoi El-Fayyoum réservait-il à ses pensionnaires un traitement plus dur que les Oasis, où pourtant se trouvait la crème des dirigeants communistes ? Ce paradoxe inexpliqué nous concernait directement, puisqu'il rendait plausible la rumeur, de plus en plus insistante, selon laquelle nous étions destinés à être acheminés vers El-Fayyoum. Notre contingent comprenait quelques cadres communistes qui avaient échappé à la première rafle, mais il était surtout composé de jeunes, n'appartenant à aucune organisation dite subversive.

Je m'obstinai pourtant à espérer que nous serions finalement transférés aux Oasis. J'avais hâte d'y retrouver la bande de camarades, prise lors de la première rafle, qui constituait le noyau de notre organisation. Organisation était peut-être un trop grand mot, pour désigner le groupe que nous formions. Quelques dizaines d'intellectuels, étudiants et enseignants, réunis autour d'un aîné, Mounir, et dont l'activité était focalisée sur l'étude de textes révolutionnaires et le recrutement universitaire, plus que sur l'activisme en milieu ouvrier.

À la Citadelle, nous n'étions que deux, Anwar et moi, à appartenir à ce groupe et, du fait de mon ancienneté relative, j'étais amené à parler aux représentants des autres organisations comme le représentant de la nôtre. Je trouvais cela vaguement ridicule, parce que je n'avais pas toujours des idées très claires sur ce qu'il fallait penser. Mais je reconnaissais à ce pompeux protocole une certaine logique. Quand il fallait se consulter sur des questions pratiques, à l'échelle du camp, réunir trois à quatre responsables était facile, organiser une assemblée générale était impossible.

J'allais bientôt avoir l'occasion d'éprouver mon rôle de responsable. La possibilité que nous soyons expédiés au camp d'El-Fayyoum ne pouvant être écartée, elle nous plaçait devant la perspective d'être soumis au sinistre cérémonial d'accueil. J'étais révolté à la seule idée que nous le subissions passivement, comme des moutons à l'abattoir, alors que nous étions prévenus, que nous pouvions nous organiser à l'avance pour y résister. Mais nous ne saurions le faire chacun de son côté, il fallait nous y préparer collectivement.

Cela supposait que les principales organisations, celles qui pesaient quelques dizaines de membres au moins, en décident. Il y en avait trois dans le camp, qui se détestaient mutuellement, chacune convaincue de porter la seule vraie parole révolutionnaire. Elles se combattaient jusque dans leurs enseignes. Toutes trois se proclamant parti communiste, mais chacune obligée, pour se démarquer des autres, de se doter d'un qualificatif entre parenthèses. Pour la première, c'était parti communiste (réunifié), pour l'autre parti communiste (égyptien), pour la troisième parti communiste (ouvrier).

La guerre qui les déchirait était d'autant plus dérisoire qu'elle ne se justifiait pas par des divergences concrètes, les empêchant de s'entendre sur le terrain de luttes réelles, mais par des considérations toutes théoriques, portant sur la supposée « nature » du régime nassérien.

Le premier de ces partis tenait Nasser pour un représentant de la grande bourgeoisie, qui avait instauré une dictature et trahi la cause nationale, qui devait être condamné et combattu. Le deuxième considérait Nasser comme un représentant de la bourgeoisie nationale, qui, se méfiant du peuple, hésitait entre la poursuite de la lutte anti-impérialiste et son abandon, et contre lequel il fallait mener un combat au coup par coup. Le troisième avait pour Nasser une admiration non dissimulée, où l'analyse de classes n'avait plus cours. Il était le porte-parole de la nation et le dirigeant de la lutte anti-impérialiste mais, du fait de sa formation militaire, il était mal à l'aise avec les concepts démocratiques. Il ne fallait pas le combattre, mais lui inspirer confiance, l'apprivoiser, l'amener peu à peu à démocratiser son régime. Pour ce dernier parti, les arrestations massives de communistes et de démocrates étaient le fruit d'un malentendu passager, dont la responsabilité était imputable, non au caractère autocratique du régime, mais... au comportement provocateur des deux autres partis !

Il nous arrivait, à Anwar et moi, de pouffer de rire, en

les voyant s'étriper sur ces thèmes, comme s'ils représentaient de grandes forces politiques, dont les idées comptaient vraiment dans le pays, alors que la quasi-totalité de leurs effectifs était incarcérée.

Restait à savoir si ces trois partis pouvaient s'entendre, ne serait-ce que ponctuellement, à l'intérieur des camps, pour affronter l'ennemi commun. Je voulais espérer qu'ils avaient, à tout le moins, commencé à envisager une attitude commune, au cas où nous serions transférés à El-Fayyoum.

Je m'en ouvris à Anwar. Je lui dis que je refusais, par toutes les fibres de mon corps, l'idée de me laisser humilier, alors que je n'avais rien à me reprocher. Ce n'était pas, pour moi, objet de discussion. Je sentis d'abord chez lui une réticence gênée, et bientôt une appréhension, qu'il ne cacha pas :

— Tu cherches l'affrontement ?

Je voyais bien, depuis la fac, qu'il fuyait les situations de violence, il détestait la vue du sang, même lorsqu'il s'agissait de disséquer des cadavres, ce qui était plutôt gênant pour quelqu'un qui poursuivait des études de médecine. Mais je ne m'attendais pas à le voir, ici, se rétracter aussi sèchement. J'aurais voulu sentir que, dans pareille épreuve, au moins lui et moi nous irions main dans la main.

J'esquissai un raisonnement sur les avantages d'une attitude ferme dès le départ, et sur le danger qu'il y aurait, au contraire, à se soumettre aux caprices de nos geôliers, parce que c'était les encourager à aller toujours plus loin. Mais je sentais bien, les yeux dans les siens, que ce qui nous séparait n'était pas de l'ordre du raisonnement. Il y avait un risque à prendre, il n'y était pas prêt. Je pensai : Même toi ? Mais je n'aurais pour rien au monde voulu le blesser, je tranchai :

— Ça ne sert à rien d'en parler entre nous. Ce qui compte, c'est ce que feront les partis. Il faut que j'aille voir leurs chefs. Ils devraient déjà en avoir discuté. J'espère qu'ils seront capables de s'entendre sur une position de fermeté.

Anwar hocha la tête.

— C'est ça, vas-y.

Le premier des chefs que je réussis à aborder représentait le parti communiste (ouvrier). C'était un prolétaire, un vrai, d'allure plutôt débonnaire. Il allait et venait, au cours des promenades, vêtu d'une longue robe de paysan, donnant la curieuse impression d'être toujours à l'aise, presque heureux d'être là. Selon Anwar, il était effectivement content de se retrouver, du fait des regroupements aléatoires de prisonniers, propulsé porte-parole d'un parti dont les dirigeants étaient rassemblés ailleurs. Dans ce camp, c'était lui, le chef. Mais il y avait aussi autre chose. Il était fier de son extraction populaire, et du vernis de culture marxiste qu'il avait dû trimer pour acquérir. Il ne se prenait pas pour n'importe qui.

Durant une promenade, je l'abordai en lui disant d'emblée comment je voyais les choses. Il m'écouta en silence, tandis que nous faisions les cent pas dans la longue allée qui passait entre nos cellules. Il tenait à la main une mince branche d'arbre, et je me demandai où il avait pu la trouver. Il l'avait débarrassée de ses feuilles et l'utilisait un peu comme un chasse-mouches, mais sans qu'il eût de mouches à chasser. Pour faire quelque chose de sa main, me dis-je. Il devait avoir le double de mon âge et, au bout d'une dizaine de minutes, il me sembla qu'il tenait à me le faire sentir.

Je me tus alors, avec le sentiment que j'avais parlé pour rien. Il me jeta un regard où se mêlaient, à parts égales, de la sollicitude et de l'ironie.

— Camarade, si je comprends bien, tu nous proposes de faire comme les Frères musulmans.

— Si les Frères musulmans se comportent avec dignité, il n'y a pas de mal...

— Les Frères musulmans n'ont pas su analyser la situation dans laquelle Nasser les mettait. Ils ont été soumis à toutes sortes de tortures, ils ont été brisés physiquement et moralement. Pas question de faire comme eux. Notre premier objectif doit être de traverser cette épreuve sans trop de dégâts.

— Mais si nous sommes humiliés, là, à notre arrivée, on fait quoi ? On ne va pas s'agenouiller, on ne va pas baisser la tête.

— C'est un mauvais moment à passer. Mais il passera. On en a déjà vu d'autres. Ce que nous avons de plus précieux, c'est quoi ? Ce sont nos cadres. C'est eux qu'il faut préserver. Nous avons mis des années à les recruter, à les former, à les préparer pour les combats à venir.

— Mais le combat, c'est ça. C'est résister à ceux qui veulent briser notre moral !

— Camarade, je te le répète, nous ne ferons pas comme les Frères musulmans. Nous ne cherchons pas, nous, à avoir des martyrs. Nous ne pouvons pas leur promettre qu'ils iront directement au Paradis, où les attendent des essaims de vierges tout excitées.

— Il ne s'agit pas de viser le martyre, il s'agit de préserver notre dignité !

— Tant que nous sommes derrière les barreaux, le rapport des forces n'est pas en notre faveur. Nos ennemis sont légion au sein du ministère de l'Intérieur, ils aimeraient bien que nous fassions cette énorme bêtise. Nous ne leur donnerons pas satisfaction.

— Et les autres ? Les autres partis ? Ils voient les choses de la même manière ?

Il fit comme s'il n'avait pas entendu :

— C'est ton premier camp. Tu en verras d'autres. Il faut savoir distinguer entre l'essentiel et l'accessoire. Il faut voir loin.

Je le quittai pour faire quelques pas, seul, avant la fin de la promenade.

Réintégrant ma cellule, je mis Anwar au courant de ma discussion avec le grand chef. Il hocha la tête, comme pour dire qu'il s'y attendait, sans insister sur le fait que cela le soulageait. Il avait commencé, de son côté, à glaner ses propres impressions, en allant trouver quelques jeunes appartenant aux autres partis et en évoquant avec eux notre éventuelle « réception » au camp d'El-Fayyoum. Chacun d'eux avait réagi en fonction de son tempérament personnel. Il ne semblait pas qu'il y eût de débat organisé, de mobilisation prévue, sur la question.

Ce fait était en soi révélateur. S'il n'y avait pas de mobilisation à la base, c'est qu'il n'y avait pas la moindre intention, chez les dirigeants, de conduire une bataille. Ils avaient tous pour priorité de « préserver leurs cadres ». J'aurais voulu qu'on me dise à quoi pouvaient servir des cadres qui baissaient la tête à la première tempête.

J'étais affreusement déçu. Ce responsable ouvrier, qui avait le double de mon âge, qui avait mené une vie de combats, qui avait connu d'autres prisons, qui aurait dû être pour moi un exemple, ne m'inspirait rien. Ce n'était pas pour me retrouver avec des gens pareils que je m'étais lancé dans le combat militant. Je me sentais trahi.

Que n'aurais-je donné pour voir Mounir, d'urgence. J'avais besoin de lui confier ma peine, ma déception, les doutes qui m'envahissaient. Quand nous étions dehors, j'allais le retrouver, à n'importe quelle heure, du jour ou de la nuit. Il était habitué à mes intuitions intempestives, à mes attitudes parfois trop entières. Il était le seul, alors, à pouvoir m'apaiser, ou me faire changer d'avis, en m'offrant des angles de vue différents, en éclairant des aspects d'une situation qui m'avaient échappé. Mais Mounir était loin, aux Oasis, à l'autre bout du monde.

La nuit était tombée depuis longtemps. Je ne dormais pas. Il n'y avait rien à faire dans le silence de l'obscurité. On ne pouvait pas lire. Il n'y avait d'ailleurs rien à lire. Sauf les lettres venant du dehors, qui nous étaient distribuées après avoir été dûment lues par la direction. Certains, autour de moi, en recevaient de temps en temps. Moi, tous les jours. Nadia m'écrivait tous les jours.

Dehors, avec elle, c'était surtout moi qui parlais. Ici,

elle prenait le relais. De longues lettres, où elle me racontait ce qu'elle faisait, et ce qu'elle pensait, pour que je continue de me sentir partie prenante de sa journée. Fût-ce par le trou de la serrure.

J'avais déjà une liasse de ces lettres. Je ne lisais chacune d'elles qu'une fois, moment unique et fugace, où les mots étaient portés par sa voix, où ils étaient encore chargés de sa présence. Une seconde fois n'aurait fait qu'accuser le sentiment de son absence. La liasse acquérait ainsi, peu à peu, le charme mystérieux d'un talisman. J'avais résolu de ne la relire qu'avec Nadia, quand je serais libéré, avant de la transmettre comme une relique à nos enfants.

8

Nadia avait surpris tout l'amphithéâtre, en venant s'asseoir près de moi. J'avais passé le reste de la journée à me demander pourquoi. Pour Anwar, c'était tout vu, je lui plaisais. Pour moi, ce ne pouvait être que plus compliqué.

Elle avait le pouvoir de faire ce que bon lui semblait. Si elle était venue vers moi, qui, contrairement à tant d'autres, ne lui courais pas après, ce devait être pour affirmer ce privilège, pour signifier à tous qu'elle abordait qui elle voulait. Et sans doute me signifier, à moi, qu'elle attendait de me voir rejoindre sa cour.

Elle m'avait quitté en me balançant un énigmatique « À demain ». C'était peut-être pour que je morde à l'hameçon, que je me prépare à la retrouver, le lendemain, à mes côtés, et qu'elle me surprenne en regagnant sa place habituelle au premier rang, pour rire avec sa copine du trouble qu'elle avait provoqué en moi.

Je n'osais pas penser que je la retrouverais, le lendemain, à la même place. Je savais, au fond de moi, que cette place serait vide. J'en étais même sûr. J'imaginais Nadia disparaissant de ma vie aussi vite qu'elle s'y était engouffrée. Ce moment de complicité, ce parfum qui m'avait pénétré de part en part, ce sourire solaire, que, pendant deux heures, elle n'avait adressé qu'à moi, tout cela n'aurait été qu'un mirage. Mais je réussirais à l'oublier.

Le lendemain, j'arrivai deux ou trois minutes après le début du cours. Elle était là. Ses cahiers occupaient, comme la veille, la place qu'elle me réservait à côté de la sienne. M'apercevant du coin de l'œil, elle les déplaça le plus naturellement du monde, tout en continuant d'écrire. Je m'assis. Je ne comprenais pas pourquoi, tout à coup, j'avais envie de pleurer.

Je m'efforçai de prendre des notes. Le prof allait vite, je devais m'accrocher. Profitant d'une pause de quelques secondes, Nadia approcha son visage du mien.

— Tu as raté deux références importantes, au début...

Personne, jamais, ne s'était penché sur mon épaule pour s'assurer que j'avais correctement noté mes cours. J'avais la gorge nouée. Je ne dis rien, elle aurait perçu le tremblement de ma voix.

Aussitôt que le prof fut parti, elle décréta :

— Je te dicte les références qu'il nous a données au tout début...

— Laisse, je me débrouillerai...

Elle ne voulut pas entendre ce que je marmonnais. Elle se contenta de sourire.

— Allez, prends note...

Ensuite, sans me donner le temps de souffler, elle me servit :

— Si j'ai bien compris, tu es communiste ?

Je me raidis. Seraient-ce la curiosité, l'envie de voir de près une créature communiste qui expliquaient son intérêt pour moi ? Je trouvai pour toute réponse :

— Ça tombe sous le coup de la loi, ça.

Elle ne se laissa pas démonter. Elle continua de me regarder droit dans les yeux, désarmante. Je me détendis :

— En vérité, je ne sais pas si je suis communiste... Marxiste convient mieux, sans doute.

Elle fronça les sourcils.

— N'est-ce pas la même chose ?

Le prof suivant venait d'entrer. Il me laissait une heure pour trouver une manière intelligente de rebondir. À moins qu'entre-temps, elle n'eût oublié la question.

Elle ne l'oublia pas. Dès que le professeur fut parti, elle se tourna vers moi et, tout en rassemblant ses affaires :

— C'est bien Marx qui a... inventé le communisme ?

— Oui.

— Alors ? Communiste, marxiste, quelle différence ?

— Ce n'est pas facile, en quelques mots... On peut être séduit par la pensée de Marx, mais sans en faire une nouvelle religion. Ce n'est pas un prophète. On n'est pas non plus obligé de s'engager dans une organisation disciplinée, hiérarchisée, comme à l'armée.

— Ah, c'est cette sorte d'organisation qui tombe sous le coup de la loi ?

— En fait, il en existe plusieurs, ici. Elles sont toutes illégales, mais elles sont plus ou moins tolérées... pour le moment.

— Tu es libre après le labo ?

Elle ne cesserait pas de me prendre au dépourvu.

Sans attendre de réponse, elle enchaîna :

— Retrouvons-nous dans le jardin potager.

Je n'en revenais pas.

Le jardin n'avait rien de potager, mais c'était ainsi que tout le monde l'appelait. Situé derrière les bâtiments administratifs de la faculté, il était orné de grands arbres, dont le feuillage offrait aux étudiants une ombre bienvenue, durant la pause, écrasée de soleil, qui séparait les cours du matin des travaux pratiques de l'après-midi. Mais il était peu fréquenté. La plupart de mes condisciples se retrouvaient plutôt à la terrasse couverte de la cafétéria, où ils grignotaient des sandwichs et sirotaient du coca — toutes choses auxquelles mes moyens m'interdisaient de penser. C'est ainsi que je me retrouvais souvent seul, dans le pseudo-potager, allongé sur l'herbe, à lire, ou à rêver. Enfin, presque seul. Les quelques autres, qu'il m'arrivait d'apercevoir avant qu'ils ne disparaissent entre les arbres, étaient des couples. Le jardin avait cette réputation, vaguement sulfureuse, d'abriter des amoureux.

Je murmurai :

— Le jardin potager... Tu crois... ?

Il y eut dans ses yeux un éclair de défi :

— Pourquoi pas le jardin potager ?

9

Quelque deux mois avaient passé, depuis la nuit de mon arrestation. À la Citadelle, la promenade du soir venait de se terminer. Claquemurés dans nos cellules, nous nous apprêtions à expédier notre écuelle de lentilles, lorsque nous entendîmes, dans la cour déserte, un bruit de pas inhabituel. Puis la voix d'un officier, parlant fort pour être entendu de tous les détenus. Il nous annonçait qu'une partie d'entre nous allait être transférée « ailleurs ».

D'un coup, les menus soucis de chacun d'entre nous s'évanouirent, pour ne laisser place qu'à une question unique, traversant toutes les cellules : qui partait et qui restait ? L'officier commença à lire les noms. Le mien figurait parmi les tout premiers. Je m'en réjouis, mais pour, aussitôt, m'inquiéter de savoir si Anwar serait avec moi. Je le sentais, à mes côtés, tendu à l'extrême. Entendre enfin son nom fut une délivrance, que je saluai en le prenant dans mes bras et en le serrant fort, sous le regard attendri de notre compagnon de cellule. Nous ramassâmes nos quelques affaires et attendîmes que l'on vienne nous chercher.

Nous devions être une soixantaine, rassemblés dans la cour pour le grand départ. Très vite, je me rendis compte de la physionomie du convoi. Il était à peu près entièrement composé de jeunes, étudiants et surtout lycéens. Nous ne savions ni pourquoi on nous séparait des cadres chevronnés, ni où on nous emmenait, loin d'eux. On nous laissa là, debout, durant plusieurs heures, dans cette attente aveugle. Nous n'avions plus qu'une hâte paradoxale, nous engouffrer dans les camions, démarrer, trouver notre destination, quelle qu'elle fût, savoir enfin à quelle sauce nous allions être mangés.

Il était deux heures du matin quand on commença à déployer le dispositif du transfert. On nous mit d'abord des menottes, puis on nous attacha les uns aux autres, au moyen de minces chaînes, qui passaient entre nos poignets ligotés, en faisant un bruit épouvantable. Puis on nous entassa dans trois camions, qui quittèrent la Citadelle en file indienne.

Ces camions étaient recouverts de lourdes bâches, qu'on nous avait interdit de tenter d'écarter. Mais j'étais de ceux qui se trouvaient placés contre ces bâches, et je n'allais pas me priver de soulever, autant qu'il me serait possible, le pan que j'avais à ma portée. Pour entrevoir quelque chose des quartiers par où nous passions. Peu à peu, d'autres m'imitèrent.

Il faisait encore nuit, mais on finissait par distinguer des formes. Les rues étaient vides. L'heure avait sans doute été choisie pour que le convoi ne fût vu par personne, qu'il ne laissât pas de trace dans les mémoires. Les derniers commerçants de quartier, qui pourtant restent éveillés tard, avaient fermé leurs boutiques. Aux fenêtres des maisons, défilant à toute vitesse sous nos yeux, plus aucune lumière. Le Caire populaire, que je croyais connaître intimement pour l'avoir si souvent arpenté, m'avait toujours semblé ne dormir que d'un œil. Là, ce n'était plus qu'une ville fantôme. Il n'y avait personne pour nous saluer.

Puis l'idée me frappa que les fantômes, c'étaient nous. La vie, la vraie, ne palpitait pas dans ces camions, où nous allions au-devant d'un sort dont nous ignorions tout. Elle respirait dans le silence de ces foyers endormis, sous ces millions de paupières closes, qui, dans quelques heures, s'ouvriraient à la formidable vibration de la cité, où les attendaient mille drames quotidiens, mais aussi le privilège inouï de les affronter les mains libres.

Le silence était si épais qu'il semblait se refermer derrière nous, le vrombissement des moteurs n'y laissant même pas de sillage. J'aurais aimé avoir Anwar à mes côtés. Il avait été enchaîné à un autre groupe, qui s'était retrouvé dans un autre camion.

Absurde, me dis-je soudain. C'est absurde. Dans cette ville endormie, parmi ces hommes et ces femmes protégés par leurs volets clos, il devait bien y avoir quelques individus en état de veille, ou réveillés en sursaut par le passage en trombe de cet étrange convoi. Je me demandai s'il s'en trouvait un, ne serait-ce qu'un, qui se doutât que ces camions emmenaient, d'un lieu secret à un autre lieu secret, des détenus qui n'avaient à se reprocher que d'avoir rêvé pour lui d'une vie plus digne. C'était absurde d'être là, chargés d'une cargaison d'espoirs grandioses et généreux, dont personne ne voulait.

Nadia aussi dormait, sûrement. Dans quelques heures,

elle serait à la faculté, où les cours se poursuivraient. Sans moi. Il est vrai qu'elle me permettait, à travers ses lettres, de continuer à faire partie de l'amphithéâtre. Ce sentiment qu'elle me donnait, de vivre sa vie pour moi en même temps que pour elle-même, cette fidélité qu'elle me témoignait allaient au-delà de tout ce que je m'étais jamais permis d'espérer. Je me demandais si je pourrais un jour lui dire la gratitude qui me submergeait, simplement en pensant à elle. Le bonheur de savoir qu'une personne comme elle existait.

Si notre transfert avait pour destination les Oasis, nous aurions dû arriver depuis longtemps à la gare du Caire, où on nous aurait jetés dans un train en partance pour la Haute-Égypte. J'imaginai soudain avec effroi cette longue traversée du pays dans un fourgon à bestiaux, où chacun d'entre nous, pressé par ses besoins, obligerait tous ceux qui étaient enchaînés à lui à se déplacer, les uns derrière les autres, en se contorsionnant, pour lui permettre d'aller jusqu'au trou des latrines.

Mais non, nous n'allions pas aux Oasis. Notre convoi avait maintenant quitté la ville, dépassé ses banlieues. Il roulait en rase campagne, sur une route indistincte, traversant de loin en loin un village perdu. Le mince espoir, que j'avais continué d'entretenir, de retrouver Mounir et les copains dans le désert libyque venait de me quitter.

Nous arrivâmes au lever du jour. Les camions s'arrêtèrent et les moteurs s'éteignirent. Autour de nous, des voix qui donnaient des ordres, le bruit de pas d'une troupe qui se déployait. Nous attendîmes un moment interminable, tous tendus, tous silencieux. Nous affrontions une menace, dont nous vivions l'imminence à fleur de peau, et en sachant que nous étions, face à elle, absolument désarmés.

Lorsque enfin on nous fit descendre des camions, nous vîmes que nous étions dans la cour de ce qui ressemblait bien plus à un camp militaire qu'à une prison, des bâtiments en préfabriqué, cernés en partie de murs assez bas et pour le reste de haies de barbelés. Tout autour, une vaste région absolument déserte. Il n'y avait plus de doute. Nous étions à El-Fayyoum.

J'avais déjà vécu la scène, dans un film américain. Une prison où les détenus de droit commun avaient fini par se révolter et mourir, pour l'honneur.

Répondant à des ordres brefs, dont je ne voyais pas qui les donnait, on nous délivra de nos chaînes, puis de nos menottes, et on nous fit passer devant l'énorme tas de sacs et de valises où se trouvaient nos effets personnels. Nous récupérâmes chacun les siens, avant de prendre place dans une file immobile. Tout autour de nous, des soldats debout, l'arme au poing. J'eus le temps d'apercevoir, loin derrière moi, Anwar, qui cherchait encore son sac. Puis la file s'ébranla.

Le dortoir auquel nous étions destinés était au départ caché à notre vue par un autre dortoir, que nous dûmes longer, avant de déboucher brusquement sur le nôtre.

La mise en scène était conforme aux échos qui nous étaient parvenus à la Citadelle. On nous intima l'ordre de nous agenouiller, par rangs de quatre, tête baissée, en silence. Autour de nous, un nombre limité de gardiens ne cessaient d'aller et de venir en vociférant des insultes et, parfois, en donnant des coups de pied. Devant l'entrée du bâtiment, un seul homme, en uniforme d'officier, portant d'épaisses lunettes noires, était assis sans rien dire. Le commandant Hamdi.

Je jetai de rapides coups d'œil sur les visages situés à ma gauche et à ma droite. Des jeunes, à peine politisés, attendant qu'on les appelle, le regard perdu. J'enrageais. Cette séance d'humiliation collective aurait pu être affrontée plus dignement. Si les cadres chevronnés l'avaient voulu, à la Citadelle, des séances auraient pu être prévues pour préparer les jeunes à cette éventualité, pour les encourager à se comporter sans esprit de provocation, mais sans peur irrationnelle. Ils en seraient sortis grandis. Je le savais, que telle aurait dû être l'attitude des dirigeants communistes. Il était trop tard, maintenant.

Les premiers rangs s'étaient déjà engouffrés dans le dortoir. La vue se dégageant devant moi, je commençai, par brefs coups d'œil, à saisir le déroulement des opérations à la porte. On nous appelait à nous lever et, arrivés à la hauteur du commandant, à présenter nos sacs, qui étaient fouillés sans ménagement. Certaines choses étaient confisquées, d'autres tombaient par terre, et il fallait aussitôt se baisser pour les ramasser, en recevant au passage un coup de pied ou une claque.

Je me demandai ce qui, dans ma valise, pouvait justifier une confiscation. Je fis rapidement l'inventaire mental de mes affaires. Ni papier ni crayon. Rien qui pût éveiller un soupçon, ou provoquer la fausse colère des gardes-chiourmes... Mais il y avait la liasse des lettres de Nadia ! Mon sang se glaça. Je ne supporterais pas de voir ces pages, qu'elle avait mis tant d'heures à rédiger pour moi, ces pages pleines de sa tendresse et de sa fidélité, répandues par terre, ou déchirées, ou piétinées.

Il me restait quelques minutes pour décider quoi faire. Le moment approchait, où je me trouverais debout, à mon tour livré aux caprices des gardiens. En fait, je ne décidai de rien. J'ouvris la valise et, sans regarder, cherchai la liasse sous mes doigts, m'en saisis, la sortis et refermai. Quatre à cinq mètres me séparaient du commandant Hamdi. J'attendis un moment où aucun des geôliers ne s'interposait entre nous. Je bondis sur mes jambes et me trouvai devant lui.

Je lui tendis la liasse et m'entendis lui dire, distinctement :

— Ce sont des lettres que j'ai reçues à la Citadelle... Elles ont toutes le visa de la censure... J'aimerais pouvoir les garder.

Pas une seconde ne me vint l'idée que je risquais de subir un châtiment. Que je m'exposais à ce qu'un gardien se jette sur moi et me roue de coups, pour avoir osé quitter ma place sans autorisation, pour avoir osé adresser directement la parole au commandant. Pis, à ce que ce dernier confisque les lettres, ou les déchire devant moi. Je ne pensai rien. J'étais intensément absent. Les yeux fixés sur les lunettes noires du commandant.

Il dut hésiter un instant, lui-même pris de court. Mais il n'en laissa rien paraître. Son corps assis demeura lourdement immobile. Son seul geste fut un léger mouvement du menton, en direction de la porte du dortoir, me signifiant de me sauver. Les gardiens, médusés, n'avaient rien compris, ils retinrent seulement que le commandant m'avait laissé passer. Il ne leur restait plus qu'à faire de même. Je pénétrai dans le dortoir, sans que personne n'ose me toucher.

C'est une fois à l'intérieur que je me sentis au bord de l'épuisement.

J'étais dans une sorte de hangar, où des dizaines de lits de bois étaient alignés de part et d'autre d'une étroite allée. Les premiers entrants avaient choisi les leurs, ils s'étaient étendus dessus et ne bougeaient plus. Il régnait un silence profond, qui ne s'expliquait pas seulement par les ordres donnés, un silence qui faisait écho à l'abattement général, à la défaite intime que chacun venait de subir.

Je m'avançai mécaniquement vers le fond du bâtiment et trouvai, dans la rangée de gauche, les deux derniers lits inoccupés. Je choisis l'avant-dernier et me jetai dessus, en serrant la liasse de lettres contre ma poitrine. Je posai ma valise sur le lit voisin, contre le mur. Je pensai qu'Anwar, me rejoignant un peu plus tard, devinerait que je l'avais réservé pour lui, et viendrait l'occuper. Puis je m'endormis d'un sommeil total.

Lorsque je repris connaissance, le dortoir bruissait de multiples conversations. Tout le convoi avait été casé, la porte s'était refermée et le pouls de notre nouvelle vie avait commencé de battre. Assis sur le lit à mes côtés, tête adossée au mur, perdu dans ses pensées, Anwar attendait mon réveil.

Dès que j'ouvris les yeux, il me gratifia d'un témoignage de son admiration :

— Tu es vraiment incroyable. Tu arrives à dormir n'importe où.

— Tu le sais, dormir est ma manière de me défendre.

— Ce matin, tu as fait mieux que te défendre.

Je cherchai dans ma mémoire encore embrouillée :

— Quoi, ce matin ?

— Avec le commandant...

— Tu étais loin derrière. Comment le sais-tu ?

Il sourit :

— Tout le monde en parle, ici.

— Mais... parler de quoi ? que savent-ils ?

— Ils m'ont demandé, c'est quoi, ces lettres Je le leur ai dit.

— Tu ne leur as pas tout dit ?

— Ils sont sidérés... Tu as affronté l'ogre, pour protéger des lettres d'amour.

10

Les premiers jours furent les plus durs. Nous étions sous le choc, désemparés.

Nous ne quittions le dortoir que pour les promenades du matin et du soir. Des plages d'une heure chacune, dont les horaires, changeant d'un jour à l'autre, ne devaient jamais coïncider avec ceux du dortoir voisin. Durant ces sorties, nous étions pressés, bousculés, constamment sur le qui-vive.

Les minutes étaient comptées. Nous faisions deux fois la queue, devant les latrines et devant les lavabos. Lorsque notre tour était venu, nous devions expédier et notre toilette et nos besoins, au pas de charge. Il nous fallait aussi penser, ne fût-ce qu'une fois par semaine, à nous doucher et à laver notre linge. Nous ne pouvions le faire que par rotation, le nombre de robinets et de douches étant limité. Nous sortions périodiquement nos couvertures pour les aérer, puis, nous mettant à deux, les secouer, afin de les débarrasser des miettes des repas que nous prenions sur nos lits. Il y avait enfin des tâches à accomplir par équipes, à tour de rôle: laver à grande eau le sol en ciment du dortoir; porter jusqu'aux latrines les seaux pleins d'urine, les vider, les laver; renouveler l'eau à boire.

Tout cela sous les quolibets obscènes et les taloches, qui s'abattaient au hasard, sur n'importe lequel d'entre nous. Nous devions vaquer à nos occupations, en nous efforçant d'éviter les coups, et d'ignorer les insultes. Nous avions hâte de nous retrouver dans le dortoir, dont les portes, une fois refermées, nous protégeaient enfin de la meute hurlante des geôliers.

La plupart de ceux qui m'entouraient étaient des lycéens, qui en étaient encore à se demander pourquoi ils se trouvaient là. Ils n'avaient pas d'idées politiques précises, pas d'affiliation partisane, ils ne pouvaient pas sérieusement être tenus pour des opposants au régime.

Leurs noms avaient dû être cochés sur des listes noires, dressées dans chaque école par les indicateurs du régime. Parce qu'ils n'avaient pas leur langue dans la poche. Parce qu'il leur était arrivé, devant leurs camarades, de pester contre les injustices du sort ou contre une décision arbitraire de leur proviseur. Parce que c'étaient de grandes gueules, qui demain risquaient de devenir des meneurs.

Ils avaient été cueillis dans leurs lits, en pleine nuit, sous le regard effaré de leurs parents. Ils avaient été emmenés, sans mandat d'arrêt, sans trace écrite, vers une destination tenue secrète. Et voici qu'après le purgatoire de la Citadelle ils étaient jetés là, dans cet étrange asile, pour une durée indéterminée.

Certains demeuraient seuls dans leurs lits, prostrés. D'autres se regroupaient par affinités, se tenant mutuellement compagnie, assis à deux ou trois sur le lit de l'un d'entre eux. Puis quelques-uns commencèrent à réagir contre la torpeur ambiante, à manifester leur impatience. Ils exprimaient chacun sa colère, face aux humiliations subies, mais, le faisant à voix haute, ils donnaient corps à un foyer de refus, à une velléité combative qui tranchait sur l'ambiance des tout premiers jours. Je fus touché de voir qu'ils me prirent d'office pour l'un des leurs.

Le geste que j'avais eu, lors de la cérémonie d'accueil, m'avait placé à leurs yeux sur un piédestal. Ils s'y référaient comme à un moment inaugural. Ils restaient frappés par ce qu'il avait comporté de panache — le danger bravé pour l'amour d'une princesse lointaine — mais plus encore, peut-être, par ce qu'il recelait de mystère. Personne ne savait pourquoi le commandant avait pris cette décision. Je l'avais surpris, sans le provoquer, tout en lui offrant une occasion imprévue de jouer au despote magnanime. Mais ce qui avait fasciné mes jeunes amis, c'étaient la part de risque que j'avais assumée, le bonheur joué sur un coup de dés, la baraka. Ils vinrent vers moi comme vers un aîné à qui ils vouaient une reconnaissance admirative.

Ils se déclaraient prêts à défier l'administration. Ils ne supportaient plus d'être humiliés, ils ne voulaient plus continuer de baisser la tête. J'aimai leur audace, leur impertinence irresponsable, leur volonté presque ludique d'en découdre. Ils confortèrent en moi le sentiment qui m'habitait depuis la Citadelle. Nous ne devions pas nous agenouiller, nous ne devions pas abdiquer toute résistance. Nous le devions d'autant moins que l'agitation déployée tout autour de nous, depuis notre arrivée, avait quelque chose de factice, de surjoué. Elle ne m'impressionnait pas.

Brimades et humiliations reproduisaient les méthodes d'éducation à l'ancienne, à coups de trique, utilisées depuis toujours avec les petites gens, pour maintenir l'ordre patriarcal, pour perpétuer une tradition d'obéissance immédiate. L'administration nous mettait à l'épreuve, elle cherchait à nous mater, mais nous n'étions pas dans un camp d'extermination. J'en étais persuadé, une attitude plus digne de notre part ne comporterait pas de risque mortel.

Nous tînmes quelques réunions, d'abord circonscrites au noyau des indignés. Mais elles s'élargirent vite, de proche en proche, à l'ensemble du dortoir. Le débat s'engagea sur ce qu'il convenait de faire. L'idée d'une grève de la faim fut lancée. Elle souleva d'emblée de nombreuses réticences, mais nous n'avions pas d'autre option. On pouvait seulement choisir entre plusieurs formules, plus ou moins dures.

Dans tous les cas, il était indispensable de trouver à ce sujet un terrain d'entente avec l'autre dortoir, celui où étaient rassemblés des vétérans du parti ouvrier. Nous savions qu'ils seraient a priori contre toute forme d'affrontement, mais nous devions leur forcer la main. Nous ne pouvions pas les ignorer. Si l'administration décelait entre eux et nous une différence d'approche, elle serait incitée à plus de sévérité à notre égard, nous partirions perdants.

Le contact avec ces vétérans se poursuivait, à la barbe de l'administration, par l'intermédiaire de quelques membres du parti, qui, du fait de leur jeunesse, avaient été inclus dans notre chambrée. Ils communiquaient avec leurs chefs, soit en échangeant des signaux par les fenêtres, d'un dortoir à l'autre, à des moments convenus, soit par messages écrits sur du papier cigarette, avec des mines de crayon qu'ils avaient pu introduire, déjouant la fouille corporelle, dans la couture d'une veste ou d'un caleçon.

Les vétérans étaient donc tenus au courant de nos conciliabules. Ils étaient furieux. Ils craignaient d'être débordés par des initiatives intempestives de notre part, et d'en subir malgré eux les conséquences. Plus grave encore, ces initiatives les plaçaient sur la défensive. Eux, transférés ici avant nous, avaient accepté sans broncher de recevoir insultes et taloches. Notre dortoir s'étant massivement prononcé pour une grève, leur attitude commençait à ressembler à de la lâcheté, ils ne pouvaient plus se contenter de nous donner des leçons de prudence. Pour reprendre la main, ils finirent par nous proposer un compromis. Ils adoptaient le principe de la grève, mais celle-ci serait d'abord limitée, symbolique. Nous acceptâmes de commencer par là, à condition de fixer d'emblée au mouvement un objectif incompressible : que cessent les coups et les insultes.

Nos trois repas de la journée — deux pains, un morceau de fromage, une cuillerée de mélasse et une écuelle de bouillie tiède — nous étaient servis en une seule fois. Nous décidâmes de refuser, tous ensemble, d'en prendre livraison. L'administration réagit aussitôt. Le directeur de la prison, un colonel que nous ne voyions jamais, convoqua trois représentants des vétérans, pour prendre le pouls de la situation. Il proféra de lourdes menaces, rappelant qu'une rébellion était punie des sanctions les plus sévères. Il exigea que nous revenions immédiatement sur notre décision. Il était prêt, dans ce cas, à oublier l'acte d'insubordination. Et il laissa entendre qu'il pourrait même examiner, en temps voulu, notre souhait d'être plus dignement traités. Nous jouâmes le jeu. Le surlendemain, lors de la promenade du matin, comme par hasard, les brimades avaient à peu près cessé.

Nous avions des raisons de nous réjouir, mais pas de pavoiser. Les choses s'étaient passées par sous-entendus, il n'y avait pas eu de marché conclu, rien n'était garanti. Nous ne savions pas s'il s'agissait d'une accalmie provisoire ou d'une situation durable. De toute façon, il n'y aurait jamais que des configurations précaires, des accords réversibles, nous n'étions pas les maîtres du jeu.

La grève éclair envenima davantage nos relations avec l'autre dortoir. Notre succès nous donnait raison contre les vétérans, il démontrait que nous avions mieux percé les intentions de l'administration, mieux perçu le rapport des forces dans le camp. Ils nous en voulaient pour cela. Et ils m'en voulaient à moi, en particulier, parce qu'ils me soupçonnaient d'avoir volontairement contribué à saper leur autorité. Je commis l'erreur de ne pas y attacher d'importance. Ils ne me le pardonneraient pas.

Pour l'heure, nous respirions. Les matins étaient moins sinistres. Les promenades plus détendues. La vie dans le dortoir commença à prendre de nouvelles couleurs. Nous apprîmes à nous connaître mieux les uns les autres.

Nous ne recevions ni livres ni journaux. Nous n'avions pas de quoi écrire. Il nous sembla important de meubler nos soirées, ou du moins certaines d'entre elles, avec des activités culturelles. Nous improvisâmes des séances collectives, au cours desquelles ceux d'entre nous qui avaient une bonne mémoire racontaient à tour de rôle un roman, ou un film, qui parfois suscitait un débat.

Il y avait parmi nous un professeur d'histoire, qui avait trois fois notre âge. Personne ne savait pourquoi il avait été arrêté, ni à quel titre il avait été placé dans notre dortoir. Grand et maigre, le visage émacié, l'esprit caustique, il s'efforçait de ne parler qu'à bon escient. Il s'était peu manifesté avant la grève, il devint un pivot de nos soirées culturelles. C'était un puits de science, un pédagogue et un délicieux conteur. Il nous offrit des conférences hebdomadaires sur la philosophie de l'histoire de Toynbee, puis sur les grandes dynasties de l'Égypte ancienne, que personne ne voulut rater.

Coupés des canaux habituels de l'information, nous étions à l'affût de toute nouvelle provenant du monde extérieur. Il nous arrivait d'en recevoir, lorsque débarquaient parmi nous de nouveaux détenus. Mais nous pouvions aussi en grappiller quelques-unes lors de nos repas.

Ceux-ci étaient préparés par un fournisseur privé, dont les employés venaient, jusqu'à l'entrée du camp, livrer quotidiennement les rations à des représentants de chaque dortoir. L'opération se déroulait sous le contrôle sourcilleux des geôliers. Mais il se trouvait que les pains — ronds, plats et mous, comme des galettes —, empilés par douzaines, étaient enveloppés dans du papier bon marché. Parfois, on ne savait trop comment, c'était du papier journal. Autant dire notre dessert.

On dépliait les feuilles avec le soin dû à une denrée précieuse et rare. Seule la rubrique nécrologique nous laissait indifférents. Sinon, politique locale ou internationale, mondanités ou films récents, tout nous était récréation, déclenchant des discussions d'autant plus vives qu'elles naissaient d'une information limitée, partielle, susceptible des prolongements les plus hasardeux.

Nous eûmes bientôt le droit de recevoir des colis. Nos familles ne savaient pas où nous nous trouvions, ni comment on nous traitait, mais elles pouvaient, en passant par le ministère de l'Intérieur, nous faire parvenir des boîtes de conserve ou de lait condensé, du chocolat, un pull-over, des maillots de corps, des chaussettes. Et des paquets de thé.

La cérémonie du thé constituait, à l'échelle du dortoir tout entier, un moment privilégié de convivialité. Depuis sa préparation jusqu'à la distribution des gobelets contenant, pour chacun, quelques doigts du précieux breuvage, nous vivions une délicieuse attente, où les conversations avaient déjà un goût de thé.

Mais pour mériter ces instants, nous avions dû contourner deux obstacles successifs. L'administration pénitentiaire n'étant pas à un paradoxe près, elle nous autorisait à recevoir les paquets, tout en nous interdisant les réchauds. L'autre dortoir avait écrit aux familles pour leur dire que ce n'était plus la peine d'envoyer ces paquets. Nous avions réagi autrement. Il y avait parmi nous un élève en quatrième année de la faculté des sciences. Il ne mit pas longtemps à fabriquer un objet d'aspect bizarre, qui permettait de chauffer de l'eau en captant le courant électrique destiné à éclairer le dortoir. Mais la chose finit par se savoir, et le commandant fit couper le courant.

Je ne sais plus lequel d'entre nous eut alors l'idée géniale de se passer d'électricité. Nous ferions du feu comme les premiers hommes, avec du bois, celui de nos lits. Ces derniers consistaient en trois planches reposant, aux deux bouts, sur des supports transversaux en fonte. Un mince matelas surmontait le tout. Nous décidâmes que deux planches suffisaient pour dormir et que nous pouvions utiliser la troisième comme combustible.

Après le thé, s'il n'y avait pas de réunion collective, des apartés s'improvisaient. J'étais friand des conversations que nous engagions, Anwar et moi, avec le professeur. Nous étions demandeurs de son savoir et nous le sentions intimement heureux de le partager. Mais il nous fallait rester dans ses domaines de compétence. Si nous le sollicitions hors de ceux-là, il répondait :

— Je ne sais pas, je ne me suis pas penché sur la question.

Il avait, par exemple, étudié de nombreux textes constitutionnels et aimait comparer les espaces respectifs de liberté qu'ils offraient à leurs peuples. Nous lui demandâmes où il situait, sur cette échelle, la Constitution nassérienne. Il haussa les épaules :

— Nasser ne sait pas ce qu'est l'*Habeas Corpus.* Sa Constitution ne mérite pas de figurer dans cette liste.

Comme nous ne savions pas non plus ce qu'était l'*Habeas Corpus,* il nous fit un historique de la question des droits de l'homme, en commençant par la *Magna Carta.* Il conclut, comme il se devait, en nous ramenant à notre question de départ :

— Une Constitution, c'est fait pour arracher au despote des droits qui reviennent au peuple. Nasser a fait tout le contraire. Il a systématiquement détricoté une tradition constitutionnelle dont les origines, chez nous, remontent aux années soixante-dix du dix-neuvième siècle. Et il ne lui suffit pas de nous dessaisir des droits personnels, civiques, politiques, que nous avons si chèrement acquis. Il veut que nous acceptions nous-mêmes, dans notre for intérieur, d'en être dessaisis...

Ce fut le professeur qui me donna la réponse au dilemme que m'avait posé Ulysse, dix ans plus tôt, sur mon balcon à Damiette.

Apprenant qu'il avait fait du grec, je bondis sur l'occasion.

— Tu vas m'aider à déchiffrer l'énigme des amours d'Ulysse.

Il fronça les sourcils.

— Quelle énigme ?

— Ce qui m'a fasciné, chez Ulysse, c'est sa détermination à tracer son propre chemin, à aller jusqu'au bout de ses aventures, c'est l'affirmation de sa liberté face à la volonté des dieux. Comment se fait-il que le même homme soit resté prisonnier d'un seul amour ? Comment pouvait-il, après tant d'années, dans les bras de tant de belles femmes, rester fidèle à Pénélope ?

Il fut sans doute décontenancé par la naïveté de ma question. Il sourit, pour cacher une certaine gêne. Puis, choisissant ses mots, pour ne pas me blesser :

— Je crois que le véritable enjeu du combat d'Ulysse, de son affrontement avec les dieux, t'a échappé.

Je dressai l'oreille.

Il sembla se demander, un instant, par où commencer :

— La guerre de Troie a pris fin... Ulysse n'a en vue qu'une destination : sa patrie. S'il ne la rejoint que dix ans plus tard, ce n'est pas parce que entre-temps il a choisi de batifoler entre les îles de la mer Égée, mais parce qu'il est poursuivi par une malédiction... Souviens-toi. Il a crevé l'œil unique du cyclope Polyphème, fils du dieu de la mer, Poséidon, qui décide alors de venger son rejeton. Sa vengeance tient précisément à ceci : empêcher Ulysse de rentrer à Ithaque, l'empêcher de retrouver Pénélope. Les aventures d'Ulysse seront autant d'épreuves, autant de terribles obstacles, sur la route de son retour. Ce qu'il veut, c'est rentrer chez lui.

— Mais pourquoi est-ce si crucial ? Pourquoi ne pas garder sa liberté ? N'est-ce pas le but de sa quête ?

— Tu es ici au cœur de la vision grecque des choses. La liberté, ce n'est pas pour faire n'importe quoi. La liberté, pour chacun, c'est de retrouver sa place, sa juste place, dans l'ordre du monde. Exilé hors de chez lui, loin d'Ithaque, loin de Pénélope, Ulysse ne sait plus où il est, il ne sait plus qui il est. La malédiction, c'était cela, c'était lui faire oublier qui il était...

Il s'arrêta un instant, cherchant mon regard :

— Tu comprends ? Pénélope était bien plus que l'épouse qui aimait Ulysse et qu'Ulysse aimait. Elle était son port d'attache avec lui-même, elle était sa patrie intérieure, elle était son ultime vérité...

Revenu dans mon lit, je fus longtemps sans dormir, sans vouloir dormir, dans un état de légère euphorie. Depuis Damiette, durant toutes ces années, j'avais inconsciemment attendu d'apprendre ce qu'il venait de me dire, et que j'avais toujours su.

11

Nous nous étions retrouvés, Nadia et moi, dans le pseudo-jardin potager.

Elle tenait à saisir le sens de mon engagement politique :

— Ici, certains de nos condisciples peuvent s'intéresser à la politique. Mais leur vrai souci, ce sont leurs études, c'est leur avenir de médecin. Pour toi, ce n'est pas ça. La politique est beaucoup plus importante, tu serais même prêt à lui sacrifier ton avenir...

— C'est quoi mon avenir, s'il ne se confond pas avec l'avenir du pays ?

Elle mit une fraction de seconde pour intégrer l'idée, puis :

— Si tu poses la question à n'importe qui, ici, il te répondra : l'avenir du pays, Nasser est là pour s'en occuper. Mais mon avenir à moi, il n'y a que moi pour le prendre en charge.

— Le pays ne peut pas rester tel qu'il est, il y a trop d'injustices, il n'y a plus de libertés, la police est partout. Ça ne peut pas durer...

— Les Égyptiens n'éprouvent pas ce sentiment

d'injustice, ni ce besoin de liberté... Ils vivent comme ça depuis toujours.

— Depuis la révolution de 1919, ils ont commencé à goûter à la démocratie, ils ont appris à voter, ils savent qu'ils peuvent changer les choses.

— Je ne sens rien de tout ça autour de nous. Aujourd'hui, c'est bien Nasser qui commande, et nos compatriotes n'ont pas l'air de s'en plaindre.

— Les questions reviendront, elles se poseront de manière de plus en plus aiguë.

— Comment peux-tu en être si certain ? Est-ce le pays qui veut changer ou toi, qui veux le changer ?

— Je ne fais pas la différence.

Elle sourit. Ma réponse la laissant sur sa faim, elle mima la pose de l'étudiante en médecine.

— Ça remonte à quand, ce symptôme ?

— À l'enfance... Le mal dont je souffrais était d'ailleurs très répandu à l'époque. Je le partageais avec la moitié de ma classe. À l'école primaire, à Damiette, nous commencions à peine à lire et écrire, que nous manifestions déjà pour exiger l'évacuation des troupes d'occupation. Dans le secondaire, au Caire, les protestations ont pris de plus en plus d'ampleur. On séchait les cours, les élèves de différentes écoles se retrouvaient sur les grandes places. Je me souviens d'un brillant orateur, qui nous enflammait... Il parlait au nom des Frères musulmans... Les Frères ne se contentaient pas de manifester, ils envoyaient des volontaires dans la zone du Canal, pour mener des opérations de commandos contre les soldats anglais. C'était exaltant.

— Tu es passé par les Frères musulmans ?

— Ç'a duré quelques mois... J'ai vite compris que ce n'était pas mon truc. Ils ne voulaient pas seulement chasser les Anglais, ils voulaient effacer toute trace de pensée laïque, ils voulaient mettre de la religion partout. Nous n'avions plus à penser par nous-mêmes, il nous suffisait de suivre les commandements de Dieu, et l'exemple du Prophète. Et ça passait par une allégeance absolue, une obéissance aveugle, à la Confrérie, à son guide... C'était fou... Pour moi, chasser les Anglais, ce devait être un premier pas vers l'avenir, pas pour nous ramener mille ans en arrière.

— Et cet avenir, il devait ressembler à quoi ?

— J'avais quelques idées là-dessus, mais vagues. Les idées de liberté et de progrès, que l'Europe nous avait fait découvrir. Mais j'avais aussi un gros problème : comment faire tenir ensemble ces deux choses : je détestais l'Europe coloniale, j'admirais l'Europe des Lumières... Ça bouillonnait dans ma tête. J'ai trouvé un début de réponse chez un écrivain révolutionnaire du début du siècle, Abdallah El-Nadim. Pour lui, ce n'était pas honteux, d'admirer le colonisateur tout en le combattant. Il fallait le considérer à la fois comme un ennemi et comme un professeur. Nous ne pouvions d'ailleurs le combattre efficacement qu'à la condition de comprendre sa force, de lui voler son secret.

— Et tu en avais fini avec l'islam...

— Non. Non, j'étais très attaché à l'islam... enfin, à l'islam de mon enfance, des belles histoires que nous racontait l'imam de la mosquée, sur l'esprit de justice du Prophète, sur la fraternité qui régnait entre les premiers croyants. La grande affaire, pour moi, ça n'a pas été de tourner le dos à l'islam, ç'a été de cesser de confondre la politique avec la religion. Il me restait à trouver le penseur qui m'aiderait à comprendre que c'était possible, sans trahir l'islam. Je l'ai trouvé. Khaled Muhammad Khaled. C'est un pur produit de la science musulmane la plus classique. Au-dessus de tout soupçon. Il nous apprend qu'il n'y a rien, dans le Coran, qui régisse les affaires de l'État, il n'y a rien qui contredise la pratique de la démocratie. Ses livres ont comme été écrits pour moi...

Je lui dévoilais une planète inconnue d'elle, des problèmes qu'elle n'avait jamais affrontés, des noms qu'elle n'avait jamais entendus. Elle écoutait de tout son être, me forçant à un exercice d'extrême concentration. À chacune de ses questions, elle ne me laissait d'autre recours que d'aller chercher, au fond de moi, une réponse essentielle.

— Et le marxisme ?

— C'est une autre étape. Pour comprendre les maux dont l'Égypte souffrait, j'avais cessé de questionner le Ciel. Je cherchais mes repères sur terre, dans l'histoire, dans l'expérience des autres peuples... Je fouinais dans toutes les directions. Je lisais énormément, surtout de la littérature d'ailleurs, des romans étrangers. Et encore, je lisais moins que je ne l'aurais voulu. Parce que les livres étrangers coûtent cher... Mon paradis, c'est le marché aux livres d'occasion du jardin d'El-Ezbekiyya. On trouve des merveilles, pour des sommes modiques. On peut même marchander, quand on connaît le vendeur, qu'on lui a déjà acheté...

— Il faudra que tu m'y amènes.

— Tu devras mettre une toilette moins chic, alors. Sans quoi les vendeurs doubleront leurs prix.

— C'est là que tu as trouvé LE livre que tu cherchais ?

— C'est là que j'ai rencontré Mounir, un jour. Il tenait deux gros livres et tentait de convaincre le vendeur de baisser son prix. Sans succès. Alors il s'est tourné vers moi et m'a demandé si ces deux livres m'intéressaient. C'était plutôt un seul livre, en deux volumes, d'un philosophe anglais, Maurice Cornforth : *Le matérialisme dialectique et le matérialisme historique.* Les titres ne me disaient rien. Je n'aurais certainement pas pensé à dépenser les quelques piastres que j'avais en poche pour les acheter. Il m'a proposé de les acheter ensemble, en payant chacun la moitié du prix demandé...

— Il t'a proposé ça, alors qu'il ne te connaissait pas ?...

— J'ai aimé, justement, cette manière de m'aborder, cette proposition si inhabituelle. J'aurais pu refuser. J'ai accepté. Il m'a dit qu'il avait déjà lu le livre, et qu'il le considérait comme un ouvrage de référence, à relire, à consulter. Puis il a tenu à ce que je prenne les deux volumes, puisque, moi, je ne les avais pas lus. Je me suis dit qu'au pire je les lui rendrais après les avoir parcourus. J'ai lu les deux volumes, d'une traite, ébloui... Ébloui par la clarté du style, par la cohérence du propos. J'avais découvert le marxisme.

— Une nouvelle Révélation ?

— Non. La grille de lecture qui me manquait, pour déchiffrer le monde. J'ai enfin compris ce qui fait bouger les choses. Ce n'est pas la volonté de Dieu, ce sont des lois économiques, des intérêts qui s'affrontent, la lutte des classes, les révolutions... Maintenant, l'Histoire a un sens. Maintenant, j'ai un rôle à jouer...

12

J'avais terminé mes sept jours de mitard. Le sergent vint me chercher, en fin d'après-midi. Je me réjouissais déjà à l'idée de revoir des visages amis, de retrouver Anwar, comme une petite délivrance. Mais lorsque le sergent ouvrit la porte du dortoir, j'esquissai involontairement un pas en arrière. Je ressentis un changement d'atmosphère, avant même d'en percevoir les détails. Ce n'était plus le même dortoir.

Une grande partie de mes amis lycéens n'était plus là. À leur place, je vis des visages adultes, des regards où je lus d'emblée de l'antipathie.

Mon lit, tout au fond, était occupé par quelqu'un d'autre. On n'avait pas cru utile d'attendre mon retour pour en décider. On avait posé mon bien, la valise contenant mes lettres et mes quelques objets personnels, sur un autre lit. Anwar occupait le lit voisin.

Il m'accueillit en me serrant fort dans ses bras. Sans un mot, mais son étreinte même me dit la solitude qui avait été la sienne, et qui serait maintenant la nôtre. La promenade du soir commençait. Nous laissâmes sortir tous les autres et restâmes assis dans nos lits, attendant de retrouver un semblant d'intimité dans le dortoir vide. Il me raconta.

Durant ma semaine de cachot, la plupart de nos jeunes amis avaient quitté le camp, et avec eux le vieux professeur. Leur destination, comme toujours, était tenue secrète, mais la rumeur voulait déjà qu'ils aient été ramenés à la Citadelle, en prévision d'une prochaine libération. Je revis leurs visages, pleins d'innocente malice, ou de superbe colère, leurs regards parfois perdus, dans ce camp où ils n'auraient jamais dû se trouver. Je m'offris une seconde de plaisir, à la pensée que pour eux, peut-être, l'épreuve touchait à sa fin.

Ceux qui les remplaçaient venaient de la Citadelle, où nous les avions laissés quelque six mois plus tôt. C'étaient, pour la plupart, des cadres.

Une trentaine d'entre eux appartenaient au parti ouvrier. Ils avaient l'avantage du nombre dans le dortoir. En vertu de quoi, dès le premier jour, ils avaient agi comme en territoire conquis. Ils avaient décrété qu'ils occuperaient toute une moitié du bâtiment, celle du fond, ce qui leur permettrait de faire bande à part et, parlant à voix basse, de tenir des réunions qui devaient rester inaudibles pour le reste de la chambrée.

Dans l'autre moitié du dortoir, face à l'entrée, s'étaient regroupés quinze membres du parti unifié, arrivés dans le même convoi que leurs rivaux. Entre les deux se trouvaient coincés les rescapés de l'ancienne chambrée, quelques lycéens, Anwar et moi.

Avec trois groupes, étrangers les uns aux autres, cohabitant dans un espace aussi confiné, je pressentis que l'atmosphère serait vite irrespirable. Les chefs des deux blocs partisans avaient pour souci déclaré, ostentatoire même, d'établir autour de leurs ouailles respectives des cordons sanitaires. Il fallait les protéger jalousement de la contamination idéologique dont le camp adverse les menaçait.

Ils s'accordaient cependant sur une chose, la commune méfiance que nous leur inspirions, Anwar et moi. Nous étions à leurs yeux doublement suspects, de parler comme des communistes et, dans le même temps, de refuser toute discipline partisane. Des traîtres à la cause, donc. Sans parler de l'animosité supplémentaire qu'ils éprouvaient pour moi, du fait de la confiance que les jeunes m'avaient jusqu'alors témoignée.

Notre tandem fut d'office placé en quarantaine. Aller aux seaux d'eau, qui se trouvaient au fond, c'est-à-dire en territoire occupé par le parti ouvrier, devenait une épreuve pour les nerfs. Il n'était plus question, pour moi, de me dégourdir les jambes en faisant des allers-retours au pas de course, dans le couloir qui séparait les deux rangées de lits. Pour libérer le trop-plein de tension dans ma poitrine, il me faudrait attendre les heures de promenade.

J'avais froid. Nous étions au mois de novembre. Nadia m'avait envoyé deux pulls, qui auraient pu me permettre, si je les avais portés l'un sur l'autre, de passer l'hiver. Mais j'avais offert l'un des deux à un lycéen de l'ancienne chambrée, qui était parti avec. Le pull qu'il me restait ne me tenait plus assez chaud.

Il avait fallu que nous soyons jetés dans ce camp pour découvrir qu'on pouvait avoir froid en plein désert.

Durant les nuits, surtout. Heureusement, il y avait l'oasis que nous formions, Anwar et moi.

— Ces derniers jours ont été durs pour nous deux, me dit-il. Mais le plus dur, c'est de les avoir vécus chacun de son côté. Toi, tu étais tout seul... et moi... j'étais encore plus seul au milieu de tous ces types.

— Au fond, qu'est-ce que nous partageons avec ces types ?

Il eut une hésitation :

— Attends... Marx, non ?

— Ah oui ! C'est comme dans l'histoire de l'islam... Ces innombrables factions qui n'ont pas cessé de s'entretuer, alors que toutes se réclamaient d'un seul et même Livre. Il y a quand même une différence, entre nos communistes et nos ulémas... Les ulémas apprennent le Coran par cœur, alors que les communistes, chez nous, n'ont jamais lu une page du *Capital*.

— Imagine un instant que l'un d'entre eux prenne le pouvoir. Qu'adviendrait-il de toi et de moi ?

— Nous serions déjà exécutés pour haute trahison... Je me demande ce qu'ils reprochent à Nasser. De monopoliser le pouvoir ? Ils feraient comme lui, s'ils étaient à sa place.

— Non, pire que lui.

Nous éclatâmes d'un rire qui sonnait faux. Et Anwar d'enfoncer le clou :

— Si je comprends bien, hors de ce dortoir, il y a nos ennemis déclarés, à l'intérieur de ce dortoir, il y a nos futurs assassins.

— Plus c'est absurde, plus c'est vrai !

Disant ces mots, je retrouvai brusquement le souvenir de la cellule pénitentiaire :

— Tu sais, dans ce cachot, où j'étais seul... eh bien, pendant toute une nuit, je n'ai pas été seul.

— Tu me poses une colle ?

Je lui racontai l'inexplicable irruption de Muhammad dans ma cellule, au premier soir, puis le retour à ma solitude dès le lendemain matin. Avec, entre-temps, le récit que Muhammad m'avait fait de son rocambolesque périple syro-irakien. Je m'efforçai d'être laconique, de ne pas émettre de jugement sur toute cette affaire. Mais je ne pus éviter de transmettre à Anwar une part du malaise qu'elle m'inspirait. Ce trop-plein de choses qui ne s'expliquaient pas, qui n'allaient pas ensemble. Muhammad devenait suspect, sans que je sache vraiment de quoi.

J'eus soudain un doute. Avais-je vécu cet épisode en toute lucidité ? Cette nuit, dans la froide obscurité de la cellule, tout en l'écoutant, n'avais-je pas halluciné ?

Depuis mon incarcération, j'étais pris dans un engrenage d'événements imprévisibles, qui dérangeaient de proche en proche toutes mes habitudes, qui brouillaient mes repères intérieurs. Maintenant, c'était mon esprit qui avait des ratés. Il m'arrivait de ne plus faire de démarcation nette entre ce qui s'était passé et ce que j'avais imaginé. Pis, il me semblait parfois que des choses absurdes pouvaient me tomber dessus, n'importe quand, et que je les accueillerais comme si elles allaient de soi.

C'est alors que je fus happé par une question, qui, aussitôt formulée, s'enfonça dans mon cœur comme la pointe d'un poignard. Et Nadia, qu'avait-elle à faire dans tout cela ? Elle qui pouvait tout attendre de la vie, et qui méritait le meilleur, pourquoi m'accompagnerait-elle dans cette descente vers le pire ? Jusqu'à cet instant, nos deux bonheurs n'en faisaient qu'un. Soudain, dans le cauchemar qui me frappait tout éveillé, son image et la mienne ne se donnaient plus la main.

13

Nous étions assis sur l'herbe, dans l'ombre d'un chêne qui commençait à devenir le nôtre.

Nous nous remémorions ce fameux 26 juillet, de l'année 1956, où Nasser avait annoncé qu'il nationalisait le canal de Suez. Nous l'avions vécu loin l'un de l'autre, mais à l'unisson de tous les Égyptiens. Nous cherchions à retrouver des instants précis où nous aurions tous les deux fait les mêmes gestes, éprouvé les mêmes émotions.

— Dommage, dit-elle soudain.

— Dommage ?

— Les barrières entre les gens avaient disparu, tout le monde se sentait léger, confiant, heureux... Dommage qu'un tel jour soit si unique, qu'on ne puisse pas le reproduire.

J'aimai l'inattendu de la remarque, qui m'inspira aussitôt un nouveau survol de l'événement :

— Unique... Évidemment... C'est un jour qui solde un siècle de servitude. Au moment où Nasser parle, chacun de nous sent qu'une autre Égypte est en train d'être mise au monde. Dans le cours même du discours, quelque chose d'inouï se passe, les Égyptiens cessent d'avoir honte d'eux-mêmes, ils savent qu'ils pourront, à partir de cet instant, regarder l'étranger sans avoir à baisser les yeux. Alors ils sortent de chez eux, ils ont absolument besoin de sortir de leurs petits chez-eux, de se retrouver sur les grandes places, pour célébrer ensemble cette nouvelle naissance. C'est pour ça qu'on passe cette nuit dans les rues, on se parle sans se connaître, on s'embrasse sans raison... Tiens, combien de personnes t'ont embrassée, cette nuit-là ?

Son sourire était sa carte maîtresse. Il avait réponse à toutes les questions. Il lui permettait, en plus, de relancer la conversation dans la direction qu'elle voulait :

— Lorsque les Anglais ripostent et envahissent la zone du Canal, tu te portes volontaire pour t'infiltrer en zone occupée. Tu ne m'as pas raconté ça.

— Je n'aime pas en parler.

— Mais moi, j'ai envie de savoir.

Je détestais cet épisode, qui résumait toutes mes frustrations, et dont le souvenir me laissait dans la bouche un goût de cendre. Mais Nadia me le demandait. Elle attendait de moi une nouvelle révélation.

— Bon. Tu as vécu ces journées comme moi, comme tout le monde. Quelques semaines après la nationalisation, l'Angleterre, la France et Israël décident de nous punir. Israël envahit le Sinaï, et les Anglais occupent la ville de Port-Saïd. C'est chaque Égyptien, dans sa chair, qui est touché, qui se sent personnellement insulté. La fierté retrouvée quelques semaines plus tôt se mue en un formidable désir d'agir, de participer à la riposte, d'étrenner le sentiment d'une responsabilité toute neuve. Nous n'imaginons pas d'assister à la suite des événements en simples spectateurs. Nous demandons des armes. Mais rien ne vient. Nasser compte, pour riposter, sur son armée et sa diplomatie. Pas sur le peuple.

— Le peuple, que peut-il faire dans une guerre ?

— Le peuple a du courage, de l'enthousiasme, un esprit de sacrifice sans limites.

— Je ne vois pas comment...

— Il faut lui donner des armes, l'entraîner, et lui faire confiance.

— Contre des armées régulières, modernes, aguerries... ?

— Je peux te dire que dans les facs, nous ne nous sommes pas posé de question. Nous avons constitué des groupes de volontaires et nous avons réclamé un entraînement militaire rapide et notre intégration dans les forces d'autodéfense. Notre idée, c'était de pénétrer dans la ville de Port-Saïd occupée, pour soutenir le moral d'une population en état de choc, mettre en place des commandos, saboter les lignes ennemies. Nous nous sommes adressés aux officiers qui se trouvaient dans le périmètre de l'université. Ils nous ont accueillis sèchement. Pour eux, ce que nous avions de mieux à faire, c'était de rentrer chez nous, suivre les discours de Nasser à la radio.

— Comme faisaient tous les autres Égyptiens...

— Nous avons refusé de nous disperser. Nous avons demandé à voir de plus hauts responsables. Tu sais ce qu'ils ont fait ? Ils nous ont ordonné de déguerpir, en menaçant de nous tirer dessus ! De nous tirer dessus ! Tu te rends compte ? Il leur importait moins de combattre les Anglais que d'interdire aux Égyptiens la moindre prise de responsabilité. Je suis rentré chez moi ulcéré, humilié, en rage. Il n'était pas question d'en rester là.

— Alors ? Laisse-moi deviner. Tu es allé voir Mounir...

— Je suis allé voir Mounir. Je lui ai demandé : pour franchir les lignes ennemies, sommes-nous obligés, moralement, politiquement, de passer par les circuits officiels de l'armée ? Ceux qui avaient déclenché la résistance française à l'occupation nazie n'avaient demandé de permission à personne. Il m'a répondu que la situation était tout à fait différente. En France, à l'époque, les autorités officielles étaient à la botte des nazis, il n'était pas question pour les résistants de s'entendre avec elles. Chez nous, c'était Nasser qui dirigeait la lutte contre l'occupant. Il la dirigeait à sa manière, que nous avions raison de critiquer, mais nous ne pouvions pas le court-circuiter, en tentant d'ouvrir un foyer de résistance autonome. Une telle initiative aurait aussitôt été condamnée comme une trahison. D'ailleurs, elle n'aurait pas été comprise par la population.

— Je ne suis pas loin de penser comme Mounir.

— Il ne m'a pas totalement convaincu. Je sais bien que, pour la plupart des Égyptiens, il est normal que Nasser décide de tout. C'est le chef, et le père, et le guide. Mais quand nous pensons que le chef a tort, ne devons-nous pas tenter de lui forcer la main ? Ne devons-nous pas le défier, pour montrer l'exemple, même au risque de ne pas être compris au départ ?

— Il a dit quoi, Mounir ?

— Il m'a proposé de commencer par enquêter, autour de moi, pour savoir combien de jeunes seraient prêts à me suivre en francs-tireurs. Mais je n'ai pas eu besoin de le faire. Notre accrochage avec les officiels de l'université n'avait finalement pas été inutile. Il avait donné à réfléchir à des responsables des services de renseignement de l'armée. Ils nous ont convoqués. Qu'est-ce qui les a conduits à changer d'attitude ? Peut-être la crainte de provoquer, en pleine guerre, un fort malaise au sein de l'université. Ils ont feint d'être soudain séduits par notre proposition. Mais c'était pour trier les volontaires et les isoler de la masse des étudiants. Ils nous ont emmenés dans la zone du Canal, dans un camp désaffecté, où ils nous ont initiés au maniement d'armes légères. Moitié service militaire et moitié scoutisme. Au bout de deux semaines, ils nous ont ramenés au Caire, en laissant entendre qu'il y aurait sans doute une nouvelle convocation, plus tard. Ils avaient pompé notre énergie, douché notre enthousiasme, et ils nous relâchaient, après avoir découragé la plupart d'entre nous.

— Franchement, après une telle expérience, je me demande comment tu continues de croire que tu peux changer les choses. Les Égyptiens attendent de Nasser qu'il résolve tous leurs problèmes, et toi tu voudrais qu'ils prennent les armes, qu'ils lui disputent le pouvoir...

Je ne fus pas surpris par la question, mais par la réponse qui fusa de moi, avant même que j'aie eu le temps d'y réfléchir :

— Il y a, au fond de chaque Égyptien, une chose très personnelle, très précieuse. C'est sa dignité. C'est quoi la dignité ? Je n'ai pas de définition. Je ne sais pas si Marx en a parlé. Mais je sais que, si elle est trop longtemps ignorée, ou méprisée, ou combattue, un moment vient où elle fait sauter les digues, ou elle emporte tout sur son passage...

Les grands yeux noirs étaient restés longtemps fixés sur moi. Puis son visage s'était éclairé d'un sourire pensif, dont la douceur, la tendresse soudaine me chavirèrent.

14

La première nuit passée dans le dortoir, à mon retour du cachot, fut cafardeuse. Je me réveillai tôt et dus patienter longtemps, étendu sur mon lit, avant de voir enfin s'ouvrir la porte pour la promenade du matin. Ce fut comme d'habitude la ruée vers la cour, et je me retins pour ne pas en être. Je laissai passer la plupart des autres. Anwar m'attendit pour sortir avec moi.

Une fois dehors, dans cette plage de liberté si dérisoirement relative, nous goûtions malgré tout un plaisir, le pauvre plaisir de respirer, à pleins poumons, un ciel sans limites au-dessus de nos têtes, un vaste horizon narguant les barrières barbelées, un air frais, sec, revigorant, qui nous rapportait l'autre côté de la vie.

La lumière était forte, j'eus besoin, pour m'y accommoder, de m'arrêter et de fermer les yeux un moment. Anwar me suivait comme on suit les premiers pas d'un convalescent. Nous nous dirigeâmes, sans y penser, vers les barbelés.

— Les barbelés, pensai-je soudain à haute voix, ça ne te rappelle rien ? C'est comme la corniche du Nil, au Caire, le bord indépassable de nos promenades.

Je me rendis compte que les jeunes, qui nous croisaient, semblaient gênés, comme hésitant à nous adresser la parole.

— Ils ont envie de nous parler, dit laconiquement Anwar, mais maintenant quelque chose les retient. Les vétérans sont passés par là. Ils leur ont dit qu'ils devaient se méfier de nous.

Nous étions arrivés au bas du mirador d'où, huit jours plus tôt, tout était parti. Abdallah était debout, à la même place, dans la même pose. L'idée me traversa brusquement d'aller le trouver. J'avais plus d'une fois imaginé la scène, durant mon séjour en cellule. Mais avec des scénarios contradictoires. À certains moments, j'étais pris d'une furieuse envie de lui lancer, en pleine figure, que sa conduite avait été indigne. À d'autres, me souvenant de la détresse mêlée de honte que j'avais lue dans son regard, je pensais que le fait d'affronter, devant moi, sa propre lâcheté avait dû être pour lui une humiliante défaite. Je me devais de l'assurer que je ne lui en voulais pas.

Anwar avait senti que la vue d'Abdallah éveillait en moi un léger trouble. Ne sachant pas ce que je pensais, il voulut aussitôt s'assurer que je ne commettrais pas d'imprudence :

— Laisse tomber. Oublie ce type.

Cette pointe d'inquiétude me fit sourire.

— Je te le promets.

Mais j'allais rompre ma promesse quelques jours plus tard.

Anwar m'avait quitté, pour aller aux latrines. Je continuai à parcourir, en allers-retours, les quelques dizaines de mètres qui, longeant les barbelés, séparaient un mirador de l'autre. J'avais le regard tourné vers le dehors, dans l'attente absurde de revoir le vieux paysan, trottinant sur son âne. Je me persuadai qu'il n'était pas repassé par là durant mon absence et qu'il convenait qu'il reparût, là, pour saluer mon retour.

Mais c'était Abdallah qui entrerait en scène, pour me surprendre une nouvelle fois.

Il venait de descendre du mirador, pour se dégourdir les jambes dans la cour, tout en surveillant la promenade. Je sus aussitôt que c'était moi qu'il guettait. Il hésitait à m'aborder, voulant d'abord s'assurer qu'il ne risquait rien. J'eus le temps de boucler deux allers-retours, avant qu'il n'entame sa manœuvre. Il fit quelques pas en me tournant le dos, puis fit volte-face et s'avança dans ma direction comme pour me croiser par hasard. Arrivé à ma hauteur, et sans s'arrêter, il prononça quelques mots, que je ne pus saisir. À l'intonation, je sus cependant qu'il ne s'agissait pas d'un mot d'excuse ou de regret. Il me livrait une information.

Nous poursuivîmes notre manège, nous éloignant l'un de l'autre, pour ensuite revenir sur nos pas et nous retrouver à la même hauteur durant une ou deux secondes.

— Je n'ai pas entendu, dis-je.

— Il y a un transfert.

Il me fallut un moment pour saisir le sens des mots, puis intégrer la nouvelle. Un transfert. Abdallah était, cette fois, d'une prudence maximale, toutes antennes dehors, l'œil et l'oreille aux aguets. Il ne pouvait se permettre de se faire pincer une seconde fois. Je fus d'autant plus sensible au fait qu'il en prenait quand même le risque.

Je continuai de marcher du même pas, pour lui signifier que je tenais à me retrouver face à lui. Il accepta de continuer de son côté. Arrivé à un mètre de lui, je demandai :

— Quand ?

— Ce soir.

Mon cœur se mit à battre violemment. Partir d'ici, ce soir, formidable nouvelle. Dans quelques heures, tout cet univers pourri basculerait, ce serait en soi une libération. Peut-être même serait-ce une vraie libération, le retour à la vie, la fin du cauchemar. Mais une foule de questions vint aussitôt enrayer le délire. Tout d'abord, rien, autour de nous, ne laissait présager une telle éventualité. Aucune agitation, aucun signe inhabituel. Je n'étais évidemment pas obligé de croire Abdallah sur parole. Et même si l'information était vraie, elle laissait en suspens l'essentiel : qui partait ? pour aller où ?

Il n'y avait pas moyen d'échanger avec Abdallah plus de deux ou trois mots à chaque passage, et tout nouveau passage représentait un risque accru. Il s'en allait déjà. Il ne me restait plus qu'à attendre la nuit. Les transferts avaient toujours lieu la nuit. Entre-temps, oscillant entre l'espoir de quitter cet infâme dortoir et la crainte d'être projeté dans un univers encore plus menaçant, je devais me forcer à écarter, à écarter totalement, l'idée d'être libéré. Retrouver Nadia, le bonheur fou de la prendre dans mes bras, je ne pouvais pas me permettre de laisser grandir un tel espoir.

Je sentis la présence d'Anwar à mes côtés, avant d'entendre sa voix :

— Tu es incorrigible.

Revenant des latrines, il avait saisi de loin le côté insolite de la double démarche qui éloignait, puis rapprochait, Abdallah de moi. Il s'était obligé à rester en dehors, malgré l'inquiétude qu'il ressentait, surveillant de son côté les alentours du bâtiment administratif. Abdallah parti, il attendait que je lui explique pourquoi j'avais pris un si gros risque.

Je lui devais cette explication et je brûlais de partager avec lui la formidable nouvelle. Mais j'hésitai à la lui servir sans précaution. Un transfert était l'événement le plus considérable, le plus grave, le plus traumatisant qui puisse se concevoir dans le monde des camps. Il changeait tout, d'un coup. L'annonce était une bombe à fragmentation, qui nous arrachait à nos habitudes quotidiennes, pour nous projeter sans ménagement dans un avenir inconnu. Et dans l'intervalle, elle nous plongeait dans le sentiment d'être absolument dépossédés de notre sort. Je me devais de protéger Anwar contre une déclaration intempestive. Je résolus d'attendre notre retour au dortoir, le temps de trouver les mots justes.

— Tu m'as l'air tendu, dit-il.

— Oui.

Je me tournai vers lui, pour qu'il sache que je n'évitais pas son regard, que, si je ne lui disais rien, c'était parce que j'avais mes raisons :

— Plus tard.

Cela ne fit qu'accroître son impatience, mais il se retint d'insister. Nous ne nous dîmes plus rien, jusqu'à la fin de la promenade. Et, une fois rentrés, nous nous allongeâmes en silence dans nos lits respectifs.

Autour de nous, les vétérans allaient et venaient, sérieux comme s'ils avaient des tâches cruciales à accomplir. Ils me parurent soudain franchement ridicules. Se pouvait-il que, tout à l'heure, je quitte non seulement ce lieu, mais aussi ces gens ? Le changement, n'importe lequel, devenait en soi séduisant. Je tranchai brusquement. Je ne pouvais pas retenir mon secret plus longtemps. Je devais mettre Anwar au courant. Autant lui faire partager, fût-ce pour quelques heures, l'excitant mélange d'espoir et de crainte que la confidence d'Abdallah suscitait en moi.

J'approchai mon visage du sien et nous commençâmes une conversation chuchotée :

— D'après Abdallah, on s'en va, on vide les lieux.

Il mit plusieurs secondes à s'assurer qu'il avait bien compris :

— Attends, attends, c'est sûr, ça ?

— Pourquoi est-ce qu'il mentirait ? Pourquoi faire tout ce manège, pour nous dire n'importe quoi ?

— Je ne sais pas. Pour se rabibocher avec toi, après ce qu'il t'a fait.

— Tu parles d'un rabibochage, si on se rend compte que ce n'est pas vrai.

— Mais... ce serait pour quand, le départ ?

— Je viens de te le dire.

— Je n'ai pas entendu.

— C'est pour ce soir.

— Ce soir ! Mais pourquoi ce type te fait-il cette confidence ?

— Pour nous donner le temps de nous préparer, je suppose.

— Et on va où ?

— Il n'a pas dit.

Il faisait déjà nuit, quand un bruit de pas se fit entendre du côté du bâtiment administratif. Les militants préposés au guet se précipitèrent vers les fenêtres, puis, s'accrochant aux barreaux, jetèrent un coup d'œil dans cette direction. Ils annoncèrent d'une même voix :

— C'est le courrier !

La distribution du courrier était ici beaucoup plus erratique qu'à la Citadelle, où elle était pratiquement quotidienne. Les lettres envoyées par les familles étant adressées au ministère de l'Intérieur, au Caire, il était logique qu'elles soient plus vite et plus régulièrement acheminées vers la Citadelle que vers El-Fayyoum. Mais il y avait une autre cause au retard de la distribution. Toutes ces lettres, déjà ouvertes et lues au ministère, devaient être rouvertes, et relues, dans chacune des prisons. Les choses étaient alors laissées à l'entière discrétion du commandant concerné. Il en allait de même pour les lettres que nous écrivions, nous, à nos proches, une fois tous les quinze jours, ces dernières étant méticuleusement épluchées, pour vérifier que nous ne donnions aucune information sur les lieux et les conditions de notre détention. Le commandant Hamdi, quant à lui, ne se privait pas de nous rappeler le versant arbitraire de ce pouvoir de censure. Après avoir lui-même parcouru toutes les lettres, il se réservait le privilège de nous les remettre de manière intermittente, aux moments les plus inattendus.

La nouvelle d'une distribution imminente nous

plongea, Anwar et moi, dans une perplexité qui ne tenait pas à l'effet de surprise, mais à la question qui nous vint aussitôt à l'esprit : la distribution remettait-elle en question le transfert de ce soir ? Ce dernier nécessitant la mise en place d'une logistique compliquée, on pouvait se demander s'il laissait au commandant le loisir de jouer au facteur. Mais le transfert pouvait aussi bien avoir été retardé, ou remis en cause pour des raisons que nous ignorions. À moins qu'il ne fût carrément démenti, Abdallah n'ayant été que le porteur d'une rumeur sans fondement.

Les guetteurs annoncèrent :

— Hamdi vient d'entrer dans l'autre dortoir.

Je lisais dans les yeux d'Anwar la confusion croissante que j'éprouvais moi-même. Un transfert devenait de moins en moins probable. Mais nous n'éprouvions pas le besoin d'en parler. Ces plages où nous affrontions l'inconnu décourageaient le dialogue. Comme si l'attente anesthésiait nos pensées, suspendait nos sentiments, jusqu'au dénouement de l'intrigue.

Puis notre porte s'ouvrit avec fracas et Hamdi s'encadra dans l'embrasure. Nous nous mîmes debout, chacun au pied de son lit. Il s'avança légèrement à l'intérieur du dortoir et commença par promener sur la chambrée le regard que nous dissimulaient ses éternelles lunettes noires. Les lettres, soigneusement empilées, étaient portées à deux mains par un sergent qui se tenait debout à sa gauche, tandis qu'un autre sergent, légèrement en retrait sur sa droite, portait une torche électrique qui permettait au commandant d'y voir plus clair.

Lorsque les lunettes de ce dernier se posèrent sur

moi, il esquissa un sourire devenu habituel. Il y avait entre lui et moi cet informulable lien, qui s'était noué le jour de mon arrivée. Depuis, il lisait toutes les lettres de Nadia. Il les lisait avant moi. Il avait sur elle, sur ses sentiments, sur ses occupations, un rapport quotidien. Il savait, à travers mes propres lettres, ce qu'elle représentait pour moi. Il surplombait notre dialogue amoureux comme personne d'autre ne le ferait jamais. Je n'avais pas su percer le secret de son sourire.

Il commença à prendre une enveloppe après l'autre, lisant soigneusement à haute voix le nom de chaque destinataire, qui s'avançait alors vers lui pour recevoir son bien, comme à une distribution de prix. Les lettres défilaient et la pile, entre les mains du sergent, s'amenuisait dangereusement. Il me restait deux à trois minutes pour me préparer au pire : cette fois, peut-être, il n'y aurait rien pour moi. Je ne savais pas comment je réagirais quand la pile serait terminée. Un trou noir. Anwar, à mes côtés, avait reçu une lettre de sa famille, mais ne l'avait même pas ouverte. Il attendait pour moi.

Quelque chose d'absolument inhabituel se passait. Je sentis se poser sur moi, de plus en plus nombreux, d'autres regards muets. Ceux des derniers lycéens. Et même ceux des vétérans qui ne m'adressaient pas la parole. Tous savaient que Nadia m'écrivait quotidiennement. Ces lettres étaient devenues pour le camp un totem, une preuve hors norme de fidélité. La pile de lettres qui me revenait, à chaque distribution, était un rituel réjouissant, parce qu'elle entretenait une flamme, un espoir informulé, par lequel tout le monde se sentait concerné. Nadia forçait le respect jusque dans les rangs de ceux qui me boycottaient. Elle était Pénélope, et même si à leurs yeux je n'étais pas Ulysse, même si je ne la méritais pas, la question que je me posais, à cet instant, était devenue celle de tout le dortoir.

Vint la dernière lettre, qui n'était pas pour moi.

L'image qui m'était apparue la veille, dans ce cauchemar éveillé, n'était donc pas une hallucination, elle réverbérait une décision que Nadia avait prise dans la vraie vie. Elle avait compris qu'il était temps que nos deux chemins se séparent. Elle me le signifiait cruellement, mais proprement, chirurgicalement. Elle venait de passer en quatrième année de médecine, j'en étais à la troisième, et je pourrais m'arrêter là, indéfiniment. Nadia terminerait ses études, et je serais toujours là, englué dans un poisseux labyrinthe de routes qui ne menaient que d'une prison à une autre.

Hamdi n'avait pas tourné les talons. Il restait planté là. J'en étais presque sûr, il me fixait, maintenant. Il savait qu'un rituel venait d'être brisé, il soupesait cette étrange attente qui avait collectivement saisi le dortoir. Il devait savourer, à sa manière, ces instants où il incarnait le destin.

Puis il tendit la main derrière lui et se retrouva, comme par un tour de prestidigitation, en possession d'une nouvelle pile, plus petite. Ce n'était donc pas fini. Il y eut un soupir de soulagement dans le dortoir. Hamdi sembla jauger le paquet. Il ne lut pas de nom. Il avança le bras dans ma direction et, sans un mot, me tendit la pile. Je tremblais de tout mon corps. Je ne pouvais pas me permettre d'éclater en sanglots.

15

Les grosses chaleurs étaient passées. Nous avions repris, Nadia et moi, après les vacances d'été, nos rendez-vous sous notre chêne.

Je parlais, lové dans son regard. Parfois, lorsqu'elle acquiesçait à ce que je disais, son visage devenait si radieux que la couleur du ciel changeait. Chacun de ses sourires m'était un nouveau matin.

Cette parenthèse enchantée, je savais qu'elle se refermerait un jour. J'acceptais. Ou du moins, je croyais accepter. J'avais, contre mon penchant naturel, décidé de vivre chaque rencontre pour elle-même, sans me poser de question, avec le sentiment que chacune d'elles pouvait être la dernière.

Ce jour-là, nous avions partagé des sandwichs et parlé de tout et de rien. Elle me semblait par instants inhabituellement distraite. Elle demanda soudain :

— Quelle heure est-il ?

Je suggérai, d'après l'inclinaison de l'ombre des arbres :

— Il doit être... pas loin de deux heures.

Elle jeta à son poignet un coup d'œil presque imperceptible. Elle avait depuis longtemps remarqué l'absence de montre à mon propre poignet, mais elle ne l'avait jamais laissé paraître.

— Je fonce.

Elle se leva et, me tournant déjà le dos, elle ajouta :

— Mon père aimerait faire ta connaissance.

Sa voix se voulait naturelle, assurée, comme d'habitude. Mais elle forçait légèrement le ton, comme pour contenir le tressaillement d'une émotion soudaine. Sous le choc, je me mis debout. J'étouffais. Je n'arrivais plus à retrouver mon souffle.

Puis je me laissai retomber, la tête entre les mains, éperdu.

16

La nuit, dans le camp, n'avait pas fini de nous ballotter. Je m'étais plongé dans la pile de lettres de Nadia. Je buvais goulûment à cette fontaine de vie que j'avais crue tarie. Je retrouvais les sensations élémentaires de qui vient d'étancher sa soif, après avoir pensé que la mort était proche. Je me sentais régénéré.

Un nouveau bruit de pas nous parvint de l'extérieur. Les guetteurs, surpris, reprirent leurs postes d'observation. Je regardai Anwar, qui, comme moi, mourait d'envie de grimper aussi aux fenêtres.

Hamdi avait fait rouvrir l'autre dortoir et lisait quelque chose. Les guetteurs de chez nous durent attendre de capter le furtif signal que leur envoyait, par la fenêtre, un guetteur de l'autre dortoir. Il s'agissait bien du transfert annoncé. Ce que Hamdi lisait, c'était une liste de noms. La chambrée fut aussitôt prise d'une agitation fébrile. Les chefs et les sous-chefs se concertaient, visages sombres et mines inquiètes.

Soudain, je sursautai. Si Hamdi se fendait d'une liste, c'est que certains partaient et d'autres restaient. Contrairement à l'impression que m'avait laissée Abdallah. Ou plutôt l'impression que j'avais voulu, moi, retenir de son lapidaire message. J'étais parti sur l'idée d'un transfert qui nous incluait Anwar et moi. Pas un instant la question ne s'était posée : si transfert il y avait, en serions-nous tous les deux ?

Jusqu'alors, je ne m'étais pas permis d'envisager la déchirure. Il n'y avait pas de raison pour qu'on nous séparât. Nous avions tous les deux le même parcours politique, et sans doute deux dossiers jumeaux dans les tiroirs de l'Intérieur. Mais rien n'était plus trompeur qu'un raisonnement, lorsqu'il s'agissait de percer les intentions de nos geôliers. Leur logique consistait souvent à déjouer toute logique. Leur objectif était de nous empêcher de prévoir ce qu'ils feraient de nous. Nous ne pouvions compter que sur la chance. Elle nous avait toujours accompagnés.

La porte s'ouvrit et Hamdi reparut devant nous.

— Transfert imminent. Ceux dont les noms suivent doivent rassembler leurs affaires.

Je vis le visage d'Anwar pâlir, ses yeux fixés sur moi. Tout alla très vite. Il y avait une vingtaine de noms. Ils furent expédiés en une minute. Je fus cité parmi les premiers. La plupart des vétérans étaient sur la liste. Anwar ne partait pas.

Je me devais d'être fort pour nous deux. Il avait les larmes aux yeux. Ce qui retenait les miennes, c'était le sentiment de révolte, de rage impuissante, qui me submergeait.

Tandis que je le serrais dans mes bras, il murmura faiblement :

— Tu venais à peine de rentrer de ce maudit mitard...

J'étais déchiré à la pensée de la solitude où je le laissais, dans ce trou, près du lit que dorénavant je n'occuperais plus. Il était tellement plus vulnérable que moi. Depuis notre arrestation, nous le savions tous deux, ma présence avait été nécessaire pour le rassurer, pour l'aider à tenir. Maintenant je ne pouvais plus rien et je m'en voulais, comme si c'était moi qui avais décidé de l'abandonner.

Je crânai :

— Cette fois, mon départ servira au moins à quelque chose. J'emmène loin de toi tous ces grands chefs qui empoisonnaient la vie du dortoir.

Mais nous n'allions pas nous donner le ridicule d'échanger des souhaits que nous savions vains. Nous n'avions rien à nous dire qui pût nous consoler. Je pris ma valise et partis sans me retourner.

Je fus l'un des tout premiers à quitter le dortoir. Il faisait froid, dehors. Sur mon unique pull-over, je portais la petite veste avec laquelle j'avais été arrêté. Je commençai à trembler. Des geôliers, postés à quelques mètres les uns des autres, indiquaient aux partants le sens de la marche à suivre. Il nous fallait contourner en partie notre dortoir, puis l'autre, avant de déboucher sur la cour d'entrée du camp. Il n'y avait aucun cérémonial qui rappelât notre réception, quelque huit mois plus tôt. L'opération se déroulait sans brutalité, presque avec bienveillance.

Aux barreaux des fenêtres, des grappes de visages nous lançaient des adieux qui s'entremêlaient. J'étais sûr que l'un d'entre eux m'était destiné, mais on ne distinguait ni les voix ni les têtes, je n'aurais pu dire lequel. J'agitai la main pour répondre, dans le vide. Anwar saurait que c'était pour lui.

La cour d'entrée baignait dans la lumière blafarde de réverbères d'un autre âge, qui donnait aux visages un aspect fantomatique. Je me trouvai en présence du groupe de partants qui étaient sortis de l'autre dortoir. Je n'avais envie de parler à personne. J'avais l'occasion de faire quelques dizaines de pas en respirant vigoureusement, pour tenter de me réchauffer un peu. Je ne pensais à rien.

Ce fut Muhammad qui me vit. Il m'arrêta, en ouvrant ses deux bras devant moi. Je dus mettre une seconde ou deux pour me rendre compte que c'était lui.

— Qu'est-ce que je suis heureux de te voir ! dit-il.

— Moi aussi.

Je ne mentais pas. J'étais content de retrouver une présence qui respirait autre chose que la prison, qui évoquait la vie d'avant, les nuits passées à arpenter les rues du Caire en réinventant l'Égypte, les lumières et les bruits de la liberté. Mais la vue de Muhammad me rappelait aussi, immanquablement, cette confuse affaire irakienne. Mes doutes étaient là, qui brouillaient le tableau.

Nous abordâmes la seule question qui nous préoccupât, celle de notre future destination. Aucun de nous n'avait le moindre indice à se mettre sous la dent. Cela ne nous empêchait pas de retourner en tous sens les hypothèses disponibles, comme si, à force, l'une d'elles finirait par produire de la vérité.

— En tout cas, dit-il, il faut espérer que notre destination n'est pas Abou Zaabal.

— Pourquoi penses-tu à Abou Zaabal ?

— C'est une rumeur. Les chefs ne veulent surtout pas l'ébruiter.

— Elle dit quoi, cette rumeur ?

— En comparaison avec Abou Zaabal, le camp ici n'aurait été qu'un banc d'essai, un test avant le vrai choc.

Les camions n'étaient pas encore là, mais six officiers, que je n'avais jamais vus, étaient debout près de la porte d'entrée, entourant le commandant Hamdi.

— Regarde tous ces officiers, dit Muhammad. Ce sont eux qui vont prendre livraison du colis que nous représentons, qui vont assurer son acheminement... Une fois le colis déposé, ils vont rentrer chez eux, retrouver leurs familles, manger, baiser, puis dormir d'un sommeil paisible. Ils auront fait leur boulot. Peut-être même que ce travail de nuit leur vaudra une prime.

Il parut hésiter une seconde, avant de poursuivre :

— Le sens du devoir accompli, la conscience tranquille, c'est très bien, mais ça se mérite, non ? Ces jeunes et fringants officiers ont fait des études de droit, ils ne sont pas censés ignorer que nous avons des casiers vierges, que nous ne sommes passés devant aucun tribunal, que nous n'avons été ni accusés ni condamnés, bref, que nous devrions être, ce soir, aussi libres qu'eux. Tout ça est... plus qu'insupportable. C'est absurde.

— Le comble de l'absurdité, c'est qu'il y a dans ce convoi des vétérans, qui sont arrivés ici depuis deux semaines, venant de la Citadelle.

— Non, le comble de l'absurdité serait qu'ils repartent aujourd'hui... pour retourner à la Citadelle.

À mesure qu'il parlait, je me sentais de plus en plus coupable de nourrir encore des doutes à son égard, de ne pouvoir cesser de les ruminer, de ne pas les avoir déjà oubliés. Je ne voulais pas y revenir. Mais ce fut lui qui réaborda le sujet :

— Tu crois que j'aurais dû rester en Irak ?

Je répondis sans hésitation :

— Oui.

Il hocha la tête.

— Cette question continue de me tracasser. Mais je ne pouvais pas rester là-bas. L'air devenait irrespirable. Je ne dirai pas que j'ai choisi la prison en Égypte plutôt que la liberté en Irak. Je savais qu'une fois rentré, je risquais d'être chopé, mais tout de même, ce n'était pas une certitude...

— Tu aurais tout de même dû évaluer le risque. Tu as pensé que tu mettais ta famille en danger ?

Il était sincèrement étonné :

— Que vient faire ma famille là-dedans ?

— Ce sont bien des membres de ta famille qui t'ont aidé à quitter l'Égypte, puis à te rendre en Irak.

— Mais la police ici ne sait pas qui m'a aidé.

— Justement. En rentrant en Égypte, tu offrais à la police une chance de le découvrir.

— Mais... comment ?

Je le regardai. Son visage exprimait une totale perplexité. J'articulai lentement, sur un ton neutre :

— En faisant comme ils savent faire. En te soumettant à un interrogatoire musclé.

Il redressa la tête, fièrement, et je sentis dans sa voix une légère fêlure :

— Tu crois que j'aurais parlé ? Tu crois que j'aurais donné des membres de ma famille ?

— Je ne dis pas ça. On ne sait pas ce qu'on peut faire, dans ces cas-là. Une fois qu'on se trouve dans la gueule du loup. Nous pensons tous que nous tiendrons. Quant à moi, je me sens mieux de n'avoir rien à cacher.

Il continuait de me regarder, perplexe.

— Tu parlerais, toi ?

— J'ai envie de croire que je ne parlerais pas. Mais...

Il m'interrompit :

— Moi je sais. Tu ne parlerais pas.

Il m'infligeait une leçon qui me faisait du bien. Je m'en voulus de lui avoir laissé penser que je pouvais douter de lui. Mais il était déjà passé à autre chose :

— Ce commandant Hamdi, avec ses immanquables lunettes, il souffre sûrement des yeux.

— Je n'y avais pas pensé, tiens.

— Durant la journée, d'accord, mais la nuit...

— On peut aussi penser que c'est pour cacher ses yeux, pour qu'on ne puisse pas deviner ses pensées.

— À tous les coups, c'est un malade.

Nous nous étions arrêtés devant le groupe d'officiers. J'étais sûr que Hamdi me regardait, qu'il me regardait même fixement, parce que son visage, tourné vers moi, ne bougeait pas. Je fus frappé par cette insistance, qui provoqua en moi un malaise que son sourire ne fit qu'accentuer. Ce n'était pas le même sourire que tout à l'heure, lors de la remise des lettres de Nadia. Dans le registre de l'énigmatique, l'accent s'était déplacé, d'une ironique opacité à une froideur, une raideur tout à coup glaçantes.

Muhammad lui-même avait remarqué ce regard. Il me chuchota, comme s'il craignait d'être entendu :

— Il te dévisage, ma parole. Comme s'il y avait quelque chose entre vous.

— Tu parles... Il est au courant de mes moindres états d'âme. Il lit les lettres de Nadia. Et comme elle m'écrit tous les jours...

— Elle t'écrit encore !

— Encore... Jusqu'à maintenant.

Il ne retint pas la réserve que je venais d'émettre, se contentant d'apprécier la performance :

— Veinard.

J'aurais aimé parler d'elle. Mais je sentais que, pour lui comme pour moi, tout ce que je dirais serait grevé d'une question muette : jusqu'à quand ?

Je renonçai.

Muhammad revint au commandant :

— C'est tout de même un beau salaud, de pénétrer à ce point dans notre intimité.

— C'est le régime qui lui donne ce pouvoir.

— Ouais, mais il en abuse. Ce type-là, je n'aime pas son sourire.

Puis il changea encore de sujet :

— J'espère qu'ils nous mettront dans le même camion. La chaleur de l'amitié, au milieu de ces chaînes, ça ferait du bien.

Ils ne nous mirent pas dans le même camion. La composition des différents groupes répondait à des critères insondables. Je me retrouvai enchaîné à une bande de vétérans, auxquels ne me liait même pas l'ordre alphabétique. La seule vertu de la promiscuité serait de produire un peu de chaleur, conjurant le froid de la nuit. Une fois de plus, je me sentis absolument seul.

17

Nadia m'offrait sur un plateau ce que des dizaines de garçons auraient rêvé de recevoir. Mais rien ne m'avait préparé à une telle éventualité. Voir son père, c'était arracher notre idylle à la sphère des rêves, l'inscrire dans la chair vive d'un lien social, dans un réseau de responsabilités imprévues.

J'en parlai le jour même à ma mère. J'insistai sur le chambardement que représenterait, dans ma vie, une visite au père de Nadia. Alors que je n'étais qu'un étudiant en troisième année de médecine, et que j'étais sans le sou, cela ressemblait fort à un anneau de fiançailles.

Elle ne prêta pas grande attention à ces considérations. Elle me demanda de lui parler de Nadia. Je vis son visage s'éclairer lentement, et ses yeux, que voilait d'habitude une tristesse résignée, trahir une sorte de soulagement :

— Cette fille est un cadeau, dit-elle.

Elle se tut un instant, puis :

— Combien de cadeaux crois-tu que le Ciel va t'offrir ?

— Elle est d'un monde différent du nôtre... Elle

est en droit d'attendre ce que la vie peut donner de meilleur...

— Et pourquoi ne mériterais-tu pas, toi aussi, le meilleur?

— Oui, je connais le dicton. Aux yeux de sa mère, un fils est toujours le meilleur.

— D'où sors-tu ce dicton?

— Je l'ai modifié un peu.

— Non, le dicton parle d'un singe, que sa mère voit aussi beau qu'une gazelle. Toi, je te vois tel que tu es. Tu es beau comme un astre. Pourquoi, sinon, Nadia voudrait-elle te présenter à son père?

— Je ne sais pas, maman.

— Va voir son père.

J'avais un choix à faire, auquel je ne pouvais pas me dérober. Mais après ce choix, quelle que fût ma décision, les choses ne seraient jamais plus comme avant. Soit je commencerais à voir Nadia sous un jour nouveau, contractuel, soit je ne la verrais plus. Je passai la nuit à croiser fiévreusement, dans le désordre, les déboires découlant d'une acceptation et les blessures découlant d'un refus, autant d'échardes menaçant de se ficher dans ma chair, comme si je tenais à la main une grenade indéfiniment dégoupillée.

Le père de Nadia avait, indiscutablement, le droit d'examiner de près l'échantillon que lui présentait sa fille. Mais la seule idée d'être un échantillon, de passer un tel examen, me faisait horreur. Si j'avais été ce père, j'aurais jalousement usé de ce droit, pour protéger mon joyau. Mais sur quoi fonderait-il son opinion? Fortune, statut social, réseau familial ? Il n'y avait rien à chercher de ce côté-là, Nadia avait dû lui dire que ce n'était pas la bonne adresse. Certes, comme me le rappelait Anwar, un futur médecin, ce n'était pas rien. Mais le père de Nadia pouvait ambitionner tellement plus. Il restait à examiner mon profil personnel, ma manière de penser, mes idées politiques. Cette perspective m'exaspérait.

Depuis l'enfance, ayant assisté à pas mal de fêtes traditionnelles de fiançailles et de mariage, je m'étais promis de ne jamais en passer par là. Si je devais un jour me marier, ce serait sans aucun cérémonial, rien que la formalité requise par la loi, deux témoins et le clerc religieux habilité à établir le contrat.

Le matin venu, je crus avoir finalement trouvé une entrée en matière : je dirais à Nadia que je ne me sentais pas capable d'aller voir son père, alors que je n'avais même pas de costume convenable à me mettre. Ce serait une manière élégante de ne pas refuser tout en refusant.

Dès que je la retrouvai, assise à sa place habituelle, j'oubliai tout. Ce n'était plus la même Nadia. Pour la première fois, le regard royal était brouillé, inquiet, presque craintif. Il ne m'avait jamais paru aussi cruellement, aussi sublimement beau. Elle dit :

— Nous avons passé une mauvaise nuit, tous les deux...

Tous les deux. Ces trois mots m'agrippèrent le cœur. À moi, qui venais de passer la nuit à ruminer mes angoisses, elle rappelait qu'il ne s'agissait pas de moi, mais de nous deux. Pour arriver à ce nous deux, un long chemin avait été parcouru. Et c'était elle, à chaque tournant, qui avait fait le premier pas. Elle m'avait choisi. Elle était venue à moi. Elle avait tranché les fils qui la reliaient à tant d'autres partis possibles. Elle avait décidé que, pour elle, ce serait moi. Elle ne s'était ménagé aucune voie de retraite, elle s'était dévoilée, elle avait parlé de moi à son père. Et maintenant elle me plaçait devant cette évidence, si aveuglante que je ne l'avais pas vue : celle du pari fou qu'elle avait fait de m'aimer, de la confiance qu'elle avait mise en moi, où se jouait sa confiance en elle-même. Elle me disait qu'elle était venue, ce matin, les mains nues, attendant que je décide si je voulais bien de son amour.

J'aurais tout donné, à cet instant, pour que nous fussions seuls, pour m'agenouiller devant elle, prendre ses deux mains, les couvrir de baisers, lui demander, lui redemander pardon. Je balbutiai :

— C'est quand... que je pourrai voir ton père ?

18

La fidélité d'Ulysse avait répondu à celle de Pénélope. Elle l'avait attendu pendant vingt ans. Et leur amour avait finalement eu raison de la malédiction divine. Il avait attendri Zeus.

C'était la chance des héros d'Homère, que leurs dieux fussent pétris de faiblesses humaines. Nous affrontions, Nadia et moi, une tout autre sorte d'ennemi. L'État égyptien n'était pas une personne, il était à classer dans la catégorie des cataclysmes naturels. Il n'avait pas pour but d'obtenir quelque chose de nous, il avait pour finalité aveugle de nous broyer.

Je me devais, moi, d'affronter sa malédiction. Pas Nadia. Elle n'avait rien fait pour mériter d'encourir ses foudres. Elle les supportait par amour, mais ce ne pourrait pas être à perpétuité. Elle avait le plus large choix d'options que la vie pût offrir. Elle ne pourrait se contenter indéfiniment de la plus absurde. Il lui serait sans doute plus facile de repousser les avances de ses multiples soupirants que de résister aux pressions de son milieu, de sa famille, de son père. Elle pourrait peut-être tenir encore, le temps de terminer ses études, mais une fois obtenu son diplôme de médecine, il n'y aurait plus aucun sens à s'accrocher, à continuer de porter le fardeau quotidien que je serais devenu.

La pensée qu'elle pût me tourner le dos me transperçait le cœur. Mais plus je l'aimais, plus je me convainquais que c'était à moi, non à elle, de faire le pas. C'était à moi de lui dire qu'elle devait m'oublier.

Je me le répétais, pour la énième fois, dans ce camion lancé en pleine nuit, comme une fusée qui se serait égarée dans l'espace.

La route n'était pas destinée à relier entre elles des agglomérations, elle n'était pas empruntée par d'autres véhicules, c'était un mince ruban d'asphalte sillonnant l'étendue désertique, peut-être exclusivement réservé à des transports militaires. On n'y voyait, dans la lumière crue des phares, qu'à quelques dizaines de mètres devant soi. Tout autour, un noir sidéral.

Dans le camion, un débat soudain houleux me tira de mon monologue intérieur. J'étais entouré de membres de deux partis rivaux, qui depuis longtemps ne s'adressaient plus la parole mais, se trouvant enchaînés ensemble et tassés les uns sur les autres, s'étaient laissé entraîner dans une querelle d'écoliers. Pour les uns, Nasser n'était pas responsable des traitements qu'on nous infligeait, qui étaient l'œuvre de forces réactionnaires tapies au sein du ministère de l'Intérieur. Pour les autres, il était absurde de stipuler que l'appareil d'État était ainsi divisé, alors que Nasser en tirait toutes les ficelles. La dispute remontait jusqu'aux sources de leur différend politique : pour les premiers, Nasser était un allié ombrageux, pour les seconds, c'était la figure même de l'ennemi de classe. Aux arguments succédaient les insultes.

Je fus tout étonné d'entendre ma propre voix, forte et ferme, fendre la mêlée :

— Mais à quel titre critiquez-vous Nasser ?

Tous se turent, surpris par le fait que j'intervienne, mais peut-être plus encore par l'insolite de ma question. Une voix, que je ne reconnus pas, demanda :

— Qu'est-ce que tu veux dire ?

— Nasser nous a jetés dans ces camps parce qu'il ne veut pas voir de tête qui dépasse, sauf la sienne. Vous le critiquez pour ça. Mais vous, comment vous comportez-vous les uns avec les autres ? Vous ne faites pas mieux que lui, vous ne tolérez pas entre vous la moindre divergence !

Il y eut un nouveau silence, où j'eus le temps de réaliser que je venais de leur offrir une occasion, unique, de faire front commun contre moi. Heureusement, un fait nouveau, autrement important, venait de se produire :

— Ça y est ! Nous sommes sur la route du Caire.

On m'oublia. L'attention se porta vers le dehors, où s'esquissaient les premières lueurs de l'aube. Tous ceux qui avaient une fente à leur portée se faufilèrent du regard sur la route. Les autres attendirent de nouveaux indices. Ce qui n'empêcha pas les supputations de reprendre aussitôt, de plus belle, sur notre destination.

Il n'y avait aucune raison de penser qu'on s'apprêtait à nous libérer. Rien n'aurait justifié, dans ce cas, qu'on observât un tel secret. Une bonne nouvelle n'avait pas besoin d'être entourée de mystère. Me revint le sourire de Hamdi, quelques heures plus tôt. Il ne présageait rien de bon. L'homme savait où on nous emmenait. Si c'était vers la liberté, il n'aurait pas arboré ce masque sinistre. Je pouvais me tromper sur la signification de sa grimace, mais Muhammad l'avait interprétée comme moi. Hamdi ne nous avait pas laissé d'espace pour rêver.

Comme pour faire écho à mes conjectures, j'entendis alors :

— Nous n'allons pas à la Citadelle !

Cette annonce fut presque aussitôt suivie d'une autre, où perçait une soudaine angoisse :

— Camarades, je crois bien que nous nous dirigeons vers le bagne d'Abou Zaabal.

19

Nadia m'avait donné l'adresse et l'étage, mais elle ne m'avait pas décrit la maison. Je m'attendais à un bâtiment imposant, luxueux. Je me trouvai devant un petit immeuble de trois étages, sans charme particulier, mais qui bénéficiait d'une façade donnant sur le Nil.

Le portier nubien, assis sur un banc une cigarette à la main, ne trouva pas nécessaire de se lever en me voyant. Je saluai distraitement :

— La paix soit sur vous.

— Et sur vous la paix.

Il voulut quand même s'assurer :

— Vous allez chez... ?

— Le docteur Khaled.

Il hocha la tête.

— Au troisième.

Je savais que Nadia serait présente, ce qui me rassurait. Mais ce qui me troublait, c'était de savoir que, durant l'entretien, je ne pourrais pas me contenter d'être moi. Il me faudrait marquer un respect particulier à l'égard de son père, ménager ses éventuelles susceptibilités, m'assurer que je ne dirais rien qui pût mettre Nadia dans l'embarras. Autant de prudences qui ne me ressemblaient pas, qui ranimaient le sentiment de passer un examen.

Dès qu'elle m'ouvrit la porte, la joie de la voir effaça tout le reste. Émergeant de la pénombre, elle irradiait. Le sourire qu'elle m'adressait était aussi chaud, aussi caressant que si elle s'était blottie dans mes bras. Pendant un instant, il n'y eut rien d'autre. Ni la toilette qu'elle portait, et qui lui allait à ravir, ni la vaste entrée, simplement mais élégamment meublée, où elle m'accueillait pour la première fois, ni le fait de savoir qu'à quelques mètres de là son père m'attendait. Rien de tout cela, qui clignotait à la périphérie de ma conscience, ne comptait. Elle était heureuse et j'étais le visage de son bonheur.

Elle me tendit la main. Jusqu'ici, nous nous retrouvions et nous nous séparions sans nous saluer. Je pris sa main, qui resta si tendrement confiée à la mienne que j'eus la folle tentation de la porter à mes lèvres. Folle, parce que la porte d'entrée était encore ouverte derrière moi, parce que son père pouvait apparaître à tout moment derrière elle.

Elle sentit ce que je sentais. Elle retira doucement sa main, referma la porte d'entrée et me précéda dans le bureau de son père.

Il était debout, presque aussi grand que moi, solidement planté sur ses jambes, le cheveu dru et gris. Il ne ressemblait pas vraiment à Nadia. Sauf, peut-être, dans un visage aux traits plus anguleux, par son regard intense, qui sembla m'évaluer au premier coup d'œil. Il me salua avec chaleur.

La pièce était vaste, éclairée par deux grandes fenêtres donnant sur le fleuve. Tous les autres murs étaient de haut en bas tapissés de livres. Devant le bureau, quatre fauteuils confortables autour d'une table basse.

Il m'invita à m'asseoir, et commença, comme il se devait, par l'offre de boissons :

— Chaud ou froid ?

Je fus tenté comme d'habitude de refuser. C'était un réflexe qui me tenait lieu de politesse. Mais je sentis aussitôt qu'en la circonstance ce serait déplacé. Je répondis :

— Chaud.

— Thé ou café ?

— Thé.

La vieille paysanne qui, je ne savais comment, s'était tout à coup matérialisée dans l'embrasure de la porte disparut sans un mot. Je supposai que c'était pour préparer le thé, ou le commander à quelqu'un d'autre. Elle revint, presque aussitôt, portant un plateau. Nos regards se croisèrent et le sien fut suivi d'un discret sourire. Elle aussi, à sa manière, m'examinait. Elle quitta la pièce après avoir posé son plateau sur la table basse. Je vis, avec une légère déception, que le thé n'était pas servi dans des verres, mais dans des tasses, à l'occidentale.

Durant ce long préambule, contrairement à ce que j'aurais pensé, ce n'était pas par la présence du père que je me sentis happé, mais par le regard, intensément posé sur moi, de Nadia elle-même. La plupart des jeunes filles de son âge se seraient effacées devant leur père. Mais ce qu'elle devait au sien, c'était justement une éducation qui, rompant avec les traditions, l'avait très tôt encouragée à parler à la première personne. Elle lui témoignait pour cela bien plus que du respect. Un sentiment contradictoire, joyeusement assumé, où s'entrelaçaient sa confiance en elle-même et sa gratitude envers lui, le sens de sa liberté et le sens de sa dette à l'égard de celui qui avait voulu, et couvé, cette liberté. Là, devant lui, elle ne cachait pas ce qu'elle éprouvait pour moi. Son regard me disait que j'étais, de plein droit, à ma place dans ce bureau.

Ce fut son père qui engagea la conversation :

— Tu lis beaucoup, me dit Nadia.

Comme je me contentai de sourire, il enchaîna :

— Quels sont tes livres préférés ?

— Les livres qui nous parlent de l'avenir.

— Ah ! Et le passé, l'immémorial passé de l'Égypte, tu crois que nous devons l'ignorer ?

— Non, non. Mais nous lui consacrons trop de temps. Nous avons surtout besoin d'une rupture.

Il leva le menton, pour m'inciter à préciser :

— Une rupture ?

— Il y a le religieux, qui nous ligote, qui nous étouffe. Depuis des millénaires, nous passons nos vies à préparer notre enterrement, plutôt qu'à changer le monde. C'est pourquoi le monde a avancé sans nous, tandis que nous creusions notre propre tombe.

— Maintenant ça change un peu, quand même. Tu ne peux pas reprocher à Nasser d'être trop religieux.

— Nasser parle de tout changer, mais à condition que ce soit lui qui décide de tout. C'est une supercherie. Le seul vrai changement, c'est celui des mentalités, des traditions, de ce qui paralyse les esprits depuis si longtemps. S'il bloque ce changement-là, c'est qu'il construit une dictature, au bénéfice d'une nouvelle classe. Bon, il nous apporte le sentiment d'une dignité retrouvée, face aux anciens colonisateurs, mais ça ne suffira pas pour que l'Égypte devienne une nation moderne. Elle ne peut le devenir que par la voie de la démocratie, que lorsque des millions d'Égyptiens auront leur mot à dire.

— Je ne suis pas loin de partager ces idées. Mais que vient faire le marxisme là-dedans ? Les partis communistes n'ont construit la démocratie nulle part. Le XXe Congrès du parti communiste de l'URSS a récemment révélé tous les ravages du culte de la personnalité de Staline.

— En Égypte, comme dans les autres pays du tiers-monde, c'est l'expérience de l'Asie qui nous montre le chemin. La Chine, le Vietnam.

— Là, je vois des guerres de libération, je ne vois pas de démocratie.

— Lorsque la guerre de libération s'appuie sur le peuple, elle ouvre la voie à la démocratie. Dans nos pays, pour avoir la démocratie, il faut passer par la révolution. Il faut d'abord que des millions de gens bâillonnés prennent la parole.

— C'est une idée que la pratique ne confirme ni en Chine ni au Vietnam... Ni nulle part. J'ai eu l'occasion d'aller en Union soviétique, en Pologne, en Hongrie. Tu ne supporterais pas d'y vivre. L'atmosphère est étouffante. Le Parti est partout, dans chaque immeuble, jusque dans la tête de chacun. Ce que tu reproches à Nasser, c'est multiplié par dix là-bas.

J'étais persuadé que, dans l'image qu'il s'était faite des pays socialistes, l'essentiel lui avait échappé. Mais il y avait, dans tout ce qu'il disait, une sincérité, une franchise carrée qui me rassurèrent. Il exprimait une conviction, pas des préjugés, il alignait des arguments qui méritaient réponse. Mais c'était le père de Nadia. Et je n'étais pas venu pour discuter politique avec lui. Je levai le drapeau blanc :

— Vous avez sur moi l'avantage d'être allé là-bas...

— Mais il y a plus que ce que j'y ai vu. Je ne suis pas versé dans la doctrine marxiste, mais il me semble bien qu'elle comporte une rupture, qui va beaucoup plus loin que celle que tu cherches. Une rupture si totale avec la religion, qu'elle n'est pas transposable chez nous. Dans un pays comme le nôtre, on doit séparer la politique de la religion, mais on ne peut pas ignorer la religion, encore moins la combattre.

— C'est un vrai débat, dis-je en souriant.

Il comprit, et sourit à son tour :

— Ce sera pour une autre fois. Ce qui me paraît important, ce sont les questions que tu te poses, bien plus que les réponses que tu crois avoir trouvées.

Il sembla un instant soupeser une idée, avant de m'en faire la surprise :

— Ces questions, tu peux les exprimer dans la presse. À condition bien sûr que ce soit... de manière indirecte. Les hebdomadaires aiment bien publier des résumés de livres étrangers, présentés sous une forme accessible. Je te propose de le faire pour les livres qui t'intéressent. Je suis sûr que tu sauras suggérer l'essentiel, sans prêter le flanc à la censure. Je me chargerai de les faire publier.

Puis il ajouta :

— Ce sera un travail rémunéré, bien sûr.

J'étais d'autant plus séduit par la proposition que je crus y déceler la main de Nadia. Mais il y avait un défi à relever :

— Je ne sais pas si je serai capable de tromper la censure. Dire ce que je veux dire sans en avoir l'air, ce n'est pas mon fort.

— C'est un excellent exercice. Tu en dis moins, mais tu le dis à des milliers de lecteurs.

Il s'était levé. Il me tendit la main et me fit un clin d'œil, comme à un complice avec qui on projette un bon coup :

— Ça marchera.

Nadia sortit après moi et referma la porte derrière elle. Mon cœur se mit à battre. Nous serions à nouveau seuls, pour quelques secondes. Je retrouverais sa main dans la mienne et cette fois, me dis-je, je la porterais à mes lèvres.

Nous étions arrivés devant la porte de l'appartement. Tandis qu'elle se rapprochait de moi, je vis les yeux de jais s'embraser. Elle ne me tendit pas la main.

Elle mit les deux bras autour de mon cou, se blottit contre moi et me donna un baiser d'une suavité, d'une tendresse telles, que je perdis sur-le-champ tous mes repères. Je me sentis fondre en elle, qui fondait en moi. L'instant fut infini, mais le temps si rapide que, déjà, elle retirait sa langue, déjà elle éloignait ses lèvres. Elle me repoussa tendrement, ouvrit la porte de l'appartement et, juste avant de la refermer, d'une voix rauque :

— À demain.

20

L'aube.

Depuis que la famille avait emménagé en ville, l'aube n'existait plus pour moi. Elle avait fait partie de tous mes matins, tant que je vivais au village. Je marchais jusqu'à l'école primaire, qui était située à plusieurs kilomètres de chez nous. Pour y arriver à huit heures, je devais partir avant l'aube. Je la voyais poindre, à chaque fois nouvelle, sur la route où se succédaient les saisons. Parfois il pleuvait, le sol était boueux, je devais savoir où je mettais les pieds, pour ne pas tacher mes seuls vêtements convenables. Les premières lueurs du jour venaient me libérer. Mais il faisait le plus souvent beau, j'aimais ce périple pour lui-même. Pour l'envoûtante solitude qu'il m'offrait, comme un royaume à la mesure de mes rêves sans bornes. Je retrouvais, dans le soleil qui se levait pour moi, un interlocuteur grandiose et familier.

Puis il y eut une aube particulière.

C'était pendant les vacances d'été. Je passais certaines nuits dans la maison familiale de ma mère, dont le village, peu distant de celui de mon père, venait d'inaugurer un café. C'était une grande nouveauté. Des adultes, surtout célibataires et plutôt aisés, s'y rendaient le soir. Ils buvaient du thé noir et jouaient aux cartes ou aux dominos.

L'accès en était interdit aux enfants, mais on m'avait accepté, on avait même, en quelque sorte, imposé ma présence. Deux de mes grands cousins, que j'aimais bien, m'y avaient emmené parce que, disaient-ils, je leur portais chance. Ils m'avaient installé sur une chaise placée entre eux. Ils jouaient au trente-et-un, avec quelques amis, en misant de l'argent, ce qui était aussi, en principe, interdit. De temps en temps, lorsque la chance favorisait l'un de mes cousins, il me témoignait sa reconnaissance en me gratifiant d'une boisson.

La partie, ce soir-là, s'était à ce point échauffée qu'elle s'était poursuivie jusqu'au lever du jour. Nous entendîmes alors la voix du muezzin, appelant à la prière. Le jeu s'arrêta et nous allâmes tous ensemble à la mosquée. C'était ma première prière de l'aube. Je fus étonné de voir tant de monde, mais frappé, surtout, par un calme, un recueillement, que je n'avais pas éprouvés en participant aux prières du midi ou du soir.

Puis la mosquée se vida et je restai seul, allongé sur le dos, les yeux levés vers le plafond. Je ne pensais à rien. Je fus peu à peu enveloppé, envahi, empli, par le silence. Un silence profond et vivant, où tout était dit, où chaque chose avait sa place, où je me trouvais indiciblement serein. Je me réveillai à l'appel de la prière du midi.

Je ne m'étais jamais posé, par la suite, la question de savoir pourquoi cette aube s'était si profondément ancrée dans ma mémoire, pourquoi elle se rappelait si souvent à moi, trouant l'oubli, comme une blessure bienfaisante.

Dans le camion qui nous emportait, maintenant, vers la prison d'Abou Zaabal, l'aube ne fut d'abord que des zébrures, s'immisçant à travers les fentes de la bâche, pour barioler sinistrement l'obscurité où nous nous entassions. Puis, dans la clarté naissante, nos visages nous apparurent peu à peu. Nous étions tous épuisés par le voyage et inquiets de ce qui nous attendait.

Certains parmi nous avaient déjà tâté d'Abou Zaabal. Ce n'était pas un lieu d'internement improvisé à la hâte. Ni camp militaire désaffecté ni gare de triage. C'était une prison en bonne et due forme, un pénitencier, le plus vaste bagne d'Égypte, où vivaient, et mouraient, des prisonniers de droit commun purgeant de longues peines de travaux forcés. Il comportait une aile séparée, considérée comme une maison de correction, qui pouvait s'adapter, selon les besoins, à des régimes plus ou moins sévères. C'était sans doute là que nous allions. Toutes les hypothèses restaient ouvertes sur le traitement qui nous y attendait. Mais l'éventualité d'un prochain élargissement s'était évanouie avec l'aube.

Le camion s'arrêta brusquement et on nous fit descendre dans un terrain vague, au sol pierreux, dont on ne distinguait pas clairement les alentours. Il faisait froid, nous claquions des dents. L'autre camion, celui où Muhammad avait pris place, n'était pas là. Je me sentis encore un peu plus perdu.

On nous délivra de nos chaînes et de nos menottes.

Les valises contenant nos effets personnels, qui avaient été transportées dans un container, furent éparpillées sans ménagement sur le sol. On nous enjoignit à la hâte de retrouver chacun la sienne. Je ne reconnus pas immédiatement la mienne. Elle avait été déformée, défoncée, à moitié éventrée. Si les lettres n'avaient pas été maintenues dans des paquets ficelés, et enrobées dans mes maillots de corps, elles se seraient répandues par terre. Je me sentis agressé, meurtri, comme si Nadia venait d'être giflée devant moi. J'entourai la valise de mes bras et la serrai contre ma poitrine.

Les officiers qui nous avaient escortés depuis El-Fayyoum étaient repartis. Avec eux s'effaçait le dernier lien qui nous rattachait au monde extérieur. Nous étions maintenant pris en charge par le personnel policier du pénitencier. Une escouade s'était déployée autour de nous, dont le chef nous signifia, par onomatopées, que nous devions avancer, au pas de course, jusqu'à un mur d'enceinte, situé en contrebas. Nous nous retrouvâmes dans une cour vide. Un bâtiment administratif nous barrait la vue. Nous dûmes le contourner, toujours au pas de course, pour déboucher sur une allée, cernée à gauche par le dos du bâtiment et, à droite, par une barrière de barbelés. Tout au bout, un nombre imposant de troupiers, portant des matraques, formaient devant nous une haie humaine.

C'est alors qu'apparut un officier à cheval, qui nous intima d'une voix forte l'ordre de nous asseoir par rangs de cinq, de baisser la tête, de ne pas regarder autour de nous et de garder le silence. Je m'assis en serrant toujours contre moi ma valise.

L'attente immobile serait longue. Elle nous réserverait même un entracte inattendu. Au milieu de notre silence retentit soudain un appel à la prière, venant d'un minaret qu'on ne voyait pas. Puis des têtes d'enfants apparurent, derrière la haie de barbelés, dont les rires brefs arrivaient jusqu'à nous. Les enfants du personnel de la prison, me dis-je. Tout près de nous battait le pouls d'une routine quotidienne, avec sa mosquée, son école, ses petites maisons sans visage. Et ses enfants rieurs.

L'officier à cheval ne cessait d'aller, de s'éclipser et de revenir, comme un chien de berger surveillant un troupeau.

Puis il ordonna aux cinq premiers rangs de se lever et de le suivre. Ils obéirent et avancèrent, portant toujours à la main leurs valises ou leurs sacs, jusqu'à la haie humaine qui nous faisait face. Arrivés à sa hauteur, ils tournèrent à gauche et disparurent.

J'entendis derrière moi une conversation, chuchotée à trois ou quatre, dont les tout premiers mots me firent ricaner, tant je devinais déjà la teneur de leur conclusion.

— Ç'a l'air d'être à nouveau comme à El-Fayyoum.

— On va se laisser faire ?

— Il faudrait protester.

— Mais protester contre quoi ?

— N'attendons pas qu'ils nous tapent dessus, comme là-bas.

— Nous ne savons pas ce qui passe, devant.

— Quand nous saurons, il sera trop tard.

— Trop tard pour quoi ?

— Camarades, du calme. Nous n'allons pas agir en aveugles. Nous n'allons pas les provoquer, avant de savoir ce qu'ils nous ont préparé. Nous aurons toujours le temps de riposter.

Lorsque ce fut au tour de notre rang, nous nous levâmes et marchâmes jusqu'au bout de l'allée. Puis nous tournâmes à gauche. Nous étions désormais cachés à la vue de ceux qui restaient derrière. Devant nous, un mur nous forçait aussitôt à opérer un nouveau tournant, cette fois sur notre droite. Pour voir s'ouvrir devant nous une piste, longue d'au moins deux cents mètres.

— Courez !

Un nombre indéterminé de troupiers, se détachant de la haie qu'ils formaient jusque-là, nous poursuivaient maintenant en brandissant leurs bâtons. Je me mis à courir. Je n'avais pas peur des coups, j'avais besoin de courir.

Au bout de la piste, je voyais se rapprocher de moi, à grande vitesse, une vaste enceinte de couleur grise. Une prison dans la prison, la fameuse maison de correction, pensai-je. Devant l'entrée, grande ouverte, un officier était assis sur une estrade. Il devait être de haut rang, vu la couleur rouge de ses épaulettes. Autour de lui, plusieurs officiers de moindre rang se tenaient debout.

À un ou deux mètres était dressé l'instrument de torture connu dans les prisons sous le cocasse sobriquet de « la mariée ». Couché par terre sur le dos, le détenu y avait les deux pieds levés et immobilisés, pour recevoir la bastonnade. Non loin de l'instrument, plusieurs prisonniers de droit commun, vêtus de l'uniforme bleu délavé des prisons, nous regardaient courir vers eux.

Arrivé à leur hauteur, je compris ce qu'ils faisaient là. Ils étaient munis de tondeuses. Une voix m'ordonna de m'asseoir devant l'un d'eux, qui entreprit aussitôt, à toute vitesse, de me couper les cheveux aussi ras que possible. Il dut en passant me laisser une dizaine d'éraflures. Mais je n'eus pas le temps de réagir. À peine m'étais-je relevé, que la même voix m'ordonna de me dévêtir. J'eus un haut-le-corps. Je tenais encore ma valise serrée contre moi. Ma réaction immédiate fut de ne pas obéir. Je restai une ou deux secondes sans bouger. Mes yeux croisèrent alors le regard, complice, du prisonnier qui venait de me tondre les cheveux. M'avertissant d'un danger imminent, il me pressait d'obtempérer. Les camarades autour de moi avaient commencé à se déshabiller. Je posai ma valise par terre et fis comme eux.

Je me sentais bousculé, happé, je n'avais plus de recul. Les séquences, inattendues, s'enchaînaient trop rapidement pour me permettre de prendre mes marques. Je savais que je ne me comportais pas comme je l'aurais voulu, mais je ne savais plus très bien ce que je voulais. Sur mon corps nu, le froid du matin plantait des morsures bleues.

La voix, toujours la même, m'ordonnait maintenant de déposer ma valise, à quelques mètres de là, dans un tas où se trouvaient déjà beaucoup d'autres. Je n'eus pas besoin du regard de mon tondeur pour savoir que, cette fois, je n'avais aucune chance de garder mes lettres. Je me séparai de la valise, le cœur broyé, comme si je disais adieu à Nadia. J'étais doublement nu, maintenant. Je fus saisi par le poids du silence environnant, que seule trouait par intermittence la voix qui donnait des ordres. Tremblants de froid, nous n'étions plus, dans ce silence, que des présences abstraites exécutant ces ordres.

J'étais devant la porte d'entrée de la maison de correction. Quelqu'un me tendit un barda et me poussa vers l'intérieur, au départ d'une longue allée bordée, de part et d'autre, par des dortoirs. Le décor était d'une propreté de morgue.

Je me sentis projeté devant un officier, un capitaine. Un homme grand et massif, au regard bleu d'acier. Il était entouré de plusieurs sergents, portant chacun une matraque, qui se pressaient autour de moi, jusqu'à presque me toucher. Ils voulaient me donner une sensation physique de vulnérabilité, d'insignifiance, tandis que le regard vitreux du capitaine, fixant ma nudité, était censé m'anéantir.

Je fus soudain pleinement conscient des détails de la scène, comme si je la dominais de l'extérieur. Ces gens voulaient achever de me faire perdre le contrôle de moi-même, ce fut le contraire qui se passa. Je n'étais plus dans la confusion, dans l'inattendu. Je savais enfin où j'étais. En terrain ennemi, les sens aiguisés, d'attaque.

Le capitaine commença par me poser, d'une voix monocorde, quelques questions banales : nom et prénom, âge, profession, situation civile. Puis, sans transition :

— Tu es communiste ?

Je sentis aussitôt le piège. Si je disais oui, des coups allaient pleuvoir pour tenter de m'amener à dire non. Si je disais non d'emblée, c'était une humiliation acceptée, qui en appellerait sûrement une autre. Ma seule issue : ignorer la question.

Il répéta, de la même voix monocorde :

— Tu es communiste ?

J'entendis, autour de moi, des exclamations :

— Il ne parle pas !

— Il joue au héros !

— Il se croit malin...

— Tu ne perds rien pour attendre.

Le capitaine s'adressa alors à l'un de ses subordonnés :

— Hassan, ce garçon semble avoir perdu sa voix !

Le Hassan en question se détacha du groupe et vint se planter un instant devant moi. Son visage n'exprimait rien. Il me regardait sans me voir. Il leva mécaniquement sa matraque, prit position derrière moi. Puis la matraque s'abattit, fracassante, de haut en bas sur mon dos nu, déchirant les chairs. Sous le choc, je vacillai et pliai un genou, avant de retrouver mon équilibre.

— Je répète ma question. Tu es communiste ?

Je serrai les dents, crispé dans l'attente du coup suivant. Il tomba presque au même endroit, provoquant une souffrance qui me fit trembler. Puis il y en eut un troisième, un quatrième.

Les coups ne partaient pas en rafales, ils se suivaient à intervalles irréguliers, pour suggérer chaque fois qu'ils pourraient s'arrêter, et tromper ma vigilance avant de me surprendre encore, en donnant à la nouvelle souffrance le temps d'irradier, d'embraser tout le corps, de brouiller l'esprit.

Soudain je sentis que je perdais pied. Le supplice semblait devoir se poursuivre indéfiniment. Y avait-il quelque chose que je pusse faire pour l'interrompre ? Y avait-il un compromis possible ? Dire que je n'étais pas communiste ? Ces brutes seraient contentes, elles auraient remporté contre moi une petite victoire. Est-ce que cette victoire leur suffirait ? Je ne savais pas. Je me disloquais de l'intérieur.

Arrêter le supplice...

Ce fut alors que le capitaine changea d'antienne :

— Tu ne veux pas nous dire que tu es communiste ? Tu n'as même pas le courage de tes opinions, alors ! Tu n'es pas un homme ! Tu es quoi ? Tu es une gonzesse ! Alors, dis-le-nous, haut et fort ! Dis : je suis une gonzesse !

La voix du sergent Hassan, derrière moi :

— Réponds à monsieur l'officier, dis : je suis une gonzesse !

Cela changeait tout.

Il n'y avait plus de compromis possible. Ces gens-là voulaient que je m'avilisse, que je me souille, de mes propres mains. Que je ne puisse plus me regarder dans une glace. Qu'il n'y ait plus de place pour moi dans le sourire de Nadia. Qu'il n'y ait plus de place pour moi dans le monde.

Ils venaient brutalement de me rendre mes esprits.

— Réponds à monsieur l'officier !

— Dis : je suis une gonzesse !

— Dis : je suis une gonzesse !

La douleur me déchirait, elle ne m'aveuglait plus. Elle était dominée, maintenant, par l'exigence absolue de tenir debout, sur mes jambes, lorsque s'abattrait le coup suivant. Il me fallait signifier à ces gens qu'ils ne pouvaient plus rien contre moi.

L'officier me disait quelque chose. Sa voix venait de loin, je l'entendais à peine. Cela n'avait plus d'importance. Nadia était là. Il n'y avait plus qu'elle. J'avais rejoint mon port d'attache. J'avais retrouvé notre arbre.

J'étais inexpugnable.